歴史文化ライブラリー

134

海外観光旅行の誕生

有山輝雄

吉川弘文館

目次

観光の視線——プロローグ

空前の壮挙

号外が乱舞した日露戦争戦況報道の熱狂、ポーツマス講和条約をめぐる大混乱の余塵がほぼ静まった一九〇六（明治三九）年六月二二日、『大阪朝日新聞』『東京朝日新聞』両紙に、「空前の壮挙（満韓巡遊船の発向）」（東朝）と題する大見出しをつけ、第一面の約半分を使った大型の社告が掲載された。朝日新聞社が、ろせった丸という三八〇〇トンの汽船をまるごと借り切って、満州（中国東北部）・韓国を巡遊観光する旅行団を組織するので、参加者を募集するというのである。

南太平洋の島々を巡る豪華客船クルーズなどさまざまな観光企画が旅行業者によって催されている現在では、朝鮮半島から中国東北部への巡遊船が「空前の壮挙」などというのはあまりに大げさすぎる宣伝文句のように思える。しかし、この明治末期には、まだ日本には旅行業者などというものは存在しなかった。最初の旅行業者ともいうべきジャパン・トラベル・ビューロー（現在の株式会社ＪＴＢ〔もと日本交通公社〕の前身）の創立総会が開催されたのは、一九一二（明治四五）年三月一二日のことで、それももっぱら外国人観光客の誘致と便宜を主たる業務とすることになっていた。当時、観光といえば、外国人が好奇な眼で日本の風俗・風景をながめに来ることであって、国内の旅行はそれなりに盛んではあったが、日本人の側が海外まで大挙して観光に出かけるといったことは、ほとんど考えられもしなかったのである。

そんな時期に、満州韓国という海外への団体観光旅行を呼びかけたのであるから「壮挙」であるかはともかくとして、「空前」の企画であったことは間違いない。しかも、それを言論報道活動をおこなう新聞社が企画したところが特異である。朝日新聞社は当然のことながらそれまで満州韓国の団体旅行の経験はまったくなかったから、かなりの冒険である。一方、参加する側からみても、社告によれば、日数は三〇日、費用は最高で六〇円、最低で一五円。当時の巡査の初任給は月俸一二円とされているから（週刊朝日編『値段の明治大正昭和風俗史』朝日新聞社、一九八一年、二〇五ページ）、決して安い費用ではなく、しかも約一ヵ月も仕事を離れて旅行にでるのであるから、これまたかなりの冒険である。

ところが、この大胆な企画は、大きな反響を呼び起こした。発表から五日後の六月二七日『大阪朝日新聞』は、早くも「満員申込御断」という社告を出している。たった五日間で、三七四人もの人々が旅行団参加に応募したことになる。驚くべき成功といえるだろう。これは、日本における団体海外観光旅行の最初ともいえる出来事であった。

満州韓国という大多数の人にはまったく未体験の土地を朝日新聞社が用意したガイドが付いて団体で旅行することが、満韓巡遊旅行が大きな人気をはくした原因のひとつだろう。ガイド付き団体旅行は、今ではきわめてありふれたものとなっている。だが、この旅行スタイルが成立したことによって、観光旅行の大衆化を実現したのである。日本には伊勢参り・大山参りのガイドとしての御師《おし》、団体旅行をおこなう講といった文化があり、ガイド付き団体旅行は、独自のかたちで発展していたともいえる。ただ、日本における旅行の伝統についてはさておき、欧米でのガイド付き団体旅行の創始者は、イギリス地方都市レスターの禁酒運動家であったトマス・クックだとされている。

団体観光旅行の始まり

トマス・クックは、一八四一年七月五日、広告によって参加者を募ってレスターから近隣のラフバラーまでの鉄道旅行遠足を組織した。彼がこうした企画を思いついたのは、禁酒運動を広めるためで、この鉄道旅行参加者は目的地で禁酒運動のパレードをおこない、ティーパーティーを楽しんだ。この成功をよって自信を得たクックは、禁酒協会員や日曜学校の子供たちの団体旅行を次々に組織し好評を得ていった。トマス・クックの当初の意図はあくまで禁酒運動であったのだが、彼が周到に手配した旅行は参加者に安心と信頼をあたえ、多くの人々がクックの旅行を楽しむようになり、彼も旅行の企画と周旋を本格化するようになっていったのである。

トマス・クックにとって、また観光旅行の形成にとって大きな起爆剤となったは、一八五一年にロンドンで開催された第一回万国博覧会であった。ロンドン万国博覧会は、ガラスと鉄骨でできた巨大な温室である水晶宮（クリスタルパレス）やさまざまな展示物によって近代機械産業と科学の輝かしい未来を祝う祭典、クックにいわせれば「われらの世界に一度にどっとぶちまけられた華麗なる銀河（ギャラクシー）」であった。第一回万博は大きな人気を博し、五ヵ月の期間中の入場者数は六〇〇万人にのぼり、トマス・クックは、そのうち一六万五〇〇〇人の旅行者をあつかったとされる。クックの旅行が成功をおさめたのは、鉄道会社と割引切符の契約をするなどできるだけ安価な見物旅行を組織したこともあるが、『クックの博覧会とエクスカーション』という雑誌を発刊して博覧会と彼のツアーの人気を煽っていったことが大きいとされる。この雑誌は、その後、『クックのエクスカーショニスト』と改題し、第二次世界大戦勃発までクック社の主要な宣伝メディアとなった（ピアーズ・ブレンドン〔石井昭夫訳〕『トマス・クック物語　近代ツーリズムの創始者』中央公論社、一九九五年）。トマス・クックは最初のラフバラーまでの鉄道旅行でも広告宣伝によって参加者を募ったが、メディアや宣伝によってあらかじめ観光旅行への願望と期待をつくり、大きくふくらませておくことが、大衆を旅行に誘い出す最も重要な戦術であることを十分承知していたのである。

クックは、一八五五年のパリ万国博覧会では大陸までイギリスの旅行者を送り出そうとしたが、このときはうまくいかなかったといわれる。しかし、少々の失敗で彼の事業の将来性が揺らぐことはなかった。イギリス国内での観光旅行を順調に拡大させ、その勢いに乗って一八六三年にはスイス旅行を成功させ、さらにイタリア、アメリカ、エジプトへと彼の組織した旅行団は広く海外に進出していった。一八七二年には、ついに世界一周旅行まで実現した。「世界はトマス・クックのものになった」のである（前掲『トマス・クック物語　近代ツーリズムの創始者』二四二ページ）。クックは、世界一周の途中日本にも立ち寄り、「魅惑の国」日本が大変気に入ったという。

苦労なく安全な旅

こうした団体海外観光旅行が、大きな成功をおさめた背景には、一九世紀末から二〇世紀初頭のイギリスや西ヨーロッパの繁栄、その一環として中産階級に生じた経済的・時間的余裕という社会経済的条件があることは明らかなことである。中産階級の経済的・時間的余裕は、新たなサービス産業の市場となり、さらなる消費の経済を拡大していった。機械生産された平準的商品が消費されるようになり、これまで個人の善意や主婦の家庭内労働にもとづいていたさまざまなサービスが経済化され産業化されていったのである。観光旅行と観光旅行業者の成立もそのひとつである。

トマス・クックが作りだした団体観光旅行の成功は、彼のアイディアの卓抜さだけではなく、当時の社会の趨勢の一表現であった。彼の旅行は、旅行者から旅行につきもののさまざまな面倒や危険から解放した。クックの旅行団に参加すれば、煩わしい切符やホテルの手配に悩む必要はない。むしろ、鉄道や客船の割安なサービスを受けられるし、相応なホテルの部屋が行く先々で用意されているのである。しかも、ガイドに従って団体行動していれば、泥棒やごまのはいなどの不愉快な出来事にあって、せっかくの旅を台無しにされる危険は少ない。クック社のクーポン券やサーキュラーノート（トラベラーズチェックの前身）を利用すれば、多くの現金を所持してびくびくしなければならないこともない。

トマス・クックは、もともと禁酒運動家の善意として旅行の手配をしていたのだが、それを経済化して旅の苦労・面倒を専門に請け負うようになり、それをサービスとして企業化した。旅行（トラベル＝travel）は、もともと苦痛・労苦（＝travail）と同じ語原だったといわれるが、トマス・クックは、まさに旅の労苦を企業化したのである。

期待の実現

労苦から解放された旅行客は、気楽に観光を楽しむことができるようになった。しかし、トマス・クックが提供したのは、それだけではなかった。彼は、お客が観光にかける大きな期待をふくらませ、それを充たしていったのである。地中海のリゾートに行けば、青い海を前にした白い砂浜にビーチパラソルが用意されていたし、エジプトに行けば、砂漠のなかのピラミッドを見物し、らくだに乗ることができた。すべてが広告や雑誌、パンフレットで前もって見たとおりであり、旅行客が、カバン一杯につめこんだ観光地への大きな期待は裏切られることはなかったのである。

しかも、見知らぬ土地での観光への大きな期待や憧れは、もともとクック社の雑誌・パンフレットが作りだし、煽っていたものである。むろん、クック社の雑誌だけが、そうした役割を果たしたわけではなく、さまざまなメディアが異郷への憧れを作っており、クック社の広告はただそれに火をつけ、具体化しただけかもしれない。それにしても、観光への期待はあらかじめ作られており、旅行はその期待を期待通り実現し、満足をえるものになった。たいていの観光客は、予想外な出来事には喜ばず、予想したとおりの観光地を見て喜ぶのである。旅行業者は、旅行の労苦を代行し企業化するだけではなく、旅行への期待を励起させ、その通りに実現してみせる、いわば旅行への期待をも企業化していったのである。

トマス・クック以後、次々西ヨーロッパやアメリカに旅行業者が出現し、ガイド付きの団体観光旅行はありふれたものになっていった。観光旅行の大衆化が実現したのである。時間と財産をたっぷり持ったごく一部の特権的な人々に限られていた旅行が、広く一般の人々まで可能となり、時には海外にまで出かけ異文化を直接体験するというのは、大きな社会的文化的意味をもった現象である。

こうしたガイド付き団体観光旅行は、たんに旅行を大衆化したのではなく、旅行そのものを変質させたとするのが、アメリカのマスメディア研究者・歴史家のブーアスティンである。彼は、今や能動的に行動する旅行者は没落し、受け身でおもしろいことが起こるのを待っている観光客が台頭し、旅行は観光という疑似イベントとなったと説く（ブーアスティン〔星野郁美・後藤和彦訳〕『幻影の時代　マスコミが製造する事実』東京創元社、一九六四年）。彼のいう疑似イベントとは、「自然発生的ではなく、誰かがそれを計画し、たくらみ、あるいは扇動したために起こるもの」、「報道され、再現されるという直接の目的のために仕組まれたもの」である。したがって、「現実に対する関係は曖昧」であり、「自己実現の予言としてくわだてられるのがつねである」。ある種の思いこみや決めつけが、それにもとづいた行動を引き起こし、その結果として現実となってしまうのが、自己実現の予言で、大ヒット映画であるという勝手な宣伝が、人々を引きつけ、実際に大ヒット映画となってしまうという類の現象である。

疑似イベントとしての観光旅行

現代の観光旅行者は、旅行業者によってあらかじめ巧妙に作られたプログラムに乗って決められた名所を移動して歩くだけのものになってしまった。ブーアスティンは、かつての旅行者はいろいろな土地に住んでいる人々に出会うために世界を周遊したが、今日では、旅行業者が「旅行している土地から観光客を隔離するために、絶えず新しい能率的な方法を考案している」（『幻影の時代』一〇三ページ）という。観光客は、観光地の現実に直接触れることはほとんどなく、旅行業者の作る目に見えないカプセルのなかにいて、そこから外の観光地を見物しているのである。カプセルは観光客の周囲にあるだけでなく、観光客の頭のなかに事前に埋め込まれているステレオタイプ化された観光地のイメージそのものがカプセルであり、そこから外に出られないのである。

確かに、多くの人々のなかに遠い未知の土地への憧れ、退屈な日常生活から一時的にせよ脱出したいという欲望が存在している。旅行業者やメディアは、そうした漠然とした欲望、憧れを市場化し、ハワイやパリといった観光地への憧れとして形づくる。人々は、ハワイやパリへ行きたいという期待や願望として観光への願望を持つことになるのである。そこでは、パンフレットやメディアによってあらかじめハワイやパリを知っている。異郷の現実に直接触れるリアルな体験であった旅行は、旅行業者や自分がふくらませた観光地のイメージを現地で追認する疑似的な体験になったのである。しかも、旅行業者は、ガイドブックにのっていない料理店を発見する喜びさえ用意している。ブレンドンも、「観光 tourism とは、良く知っているものの発見だということである。これに対し、旅行 travel とはよく知られていないものの発見であり、探検とは知られていないものの発見である」（前掲『トマス・クック物語』一一七ページ）といっている。確かに、ブーアスティンの疑似イベント論は、現在の観光旅行の一面を鋭くついているのである。

メディア・イベントとしての満韓巡遊船

こうした観光旅行論の枠組みからすれば、朝日新聞社の主催した満韓巡遊船は、まさに典型的な疑似イベントであった。満韓巡遊船は、それまで朝日新聞社をはじめとする数多くの新聞社が作りだしてきたイベントの延長線上にある企画である。明治中期ごろから、各新聞社は、博覧会、美術展、運動競技会、俳優人気投票など実にさまざまなイベントを人為的に作りだしてきた（津金澤聰廣編著『近代日本のメディア・イベント』同文館、一九九六年、年表参照）。それらは社会啓蒙的意図もあったが、新聞社の販売拡張や広告獲得の営業戦術という狙いも大きかった。新聞社は、人々の好奇心を引きつける事件が自然発生的に起きるのを待つのではなく、自社で「大事件」を計画し作りだすことによって発行部数や広告収入の増加をはかってきたのである。朝日新聞社の満韓巡遊船事業も、基本的には「報道され、再現されるという直接の目的のために仕組まれた」イベントの典型的事例であった。しかも、朝日新聞社は、満韓巡遊船に続いて、あとで詳しくふれる一九〇八（明治四一）年には世界一周旅行会を主催し、さらに一九一〇（明治四三）年には第二回世界一周会まで主催している。

旅行業者が作った旅行が疑似イベント性をおびている以上に、それら旅行は、新聞社がはじめから計画し、実現したのであるからイベント性は露骨である。日本において、観光旅行は、メディアのイベントとして始まったのである。

観光のまなざしの社会性・歴史性

しかし、さらに考えてみると、ブーアスティンなどのように過去の冒険旅行をリアルな体験、現在の観光を疑似的体験として二極化することは、現在の観光旅行の特性の一面を明らかにすることでは有効ではあるが、過去の冒険旅行を美化しすぎた単純化であるように考えられる。実際には、過去の冒険的旅行といえども、まったくの先入観なしに旅行に出発したわけではない。海図なしに大海原に冒険の船出をしたコロンブスも、インドへの道を発見できるはずだという先入観があり、新大陸を発見してからも、結局その先入観から抜けだせなかった。彼自身は「西インド諸島」の発見者であろうとしたのである。その点では、あらかじめもっていたイメージのなかに閉じこもった疑似的体験であったといえなくもない。

また、近現代の観光旅行は、人々のうちにある漠然とした日常生活からの離脱願望、異郷への憧れといったものを類型化された（パッケージされた）観光旅行の鋳型にはめこむ。参加する人々は、さまざまなメディアによって植え付けられた観光地イメージとそれに応えるべく旅行業者などによってあらかじめ用意された仕掛けの外に出るのは容易ではなく、多くの観光客は現地から隔離するカプセルのなかで満足してしまう。

だが、観光客を現地から隔離するカプセルが、外界からの刺激をすべてはね返すほど強固であるとは限らない。どのような場面にあっても、自分の見たいもの、買いたい商品しかまったく目に入らない観光客もいるが、観光地イメージを裏切られ、予想外の出来事の見聞に困惑する観光客もめずらしくない。困惑せざるをえない出来事に直面し、自分のカプセルに自閉するか、あるいはカプセルの外に出ようとするかといった境目はかなり微妙だが、そうした事態は大なり小なり観光旅行では生ずるであろう。それは、疑似イベントとしての観光旅行のなかで生じるリアルな体験、あるいは疑似イベント的観光であるからこそ生じるリアルな体験である。そこで問われ、験《ため》されるカプセルの強度、疑似性の強度は、旅行者のパーソナリティーの問題もあるが、それ以上に、そのカプセルが、社会的・歴史的に形成されたものであり、旅行者たちがどのような社会的・歴史的な脈落のなかで外界を見ているかが大きな問題である。

確かに、近代の観光旅行は「自然発生的ではなく、誰かがそれを計画し、たくらみ、あるいは扇動したために起こるもの」であることを大きな特徴としているが、その疑似性を指摘しただけでは、観光旅行に内在する問題は十分見えてこない。前述したように、なんらかの先入観は、旅行につきものであるし、むしろそれがあるからこそ人々は旅行に駆りたてられるのである。また、旅行に出ても、あらかじめ持っていた先入観の内に閉じこもったままのこともあるが、時には先入観を揺さぶられ、異郷や自分自身に対する新たな見方を形成することもありえるのである。そこでは、自然発生的か疑似的かということよりも、そもそもどのような先入観をもって異郷に出かけるのか、また実際の旅行で、どのように異郷を眺めるのかという問題を考える必要がある。

社会的・歴史的に形成される、そうした視線のあり方を明らかにすることによって近代の観光旅行という現象に迫れるであろう。

ただ、観光旅行の視線・観光旅行のまなざしのあり方には様々なアプローチがありえる。列車の車窓から風景を眺めるように、見る者が知覚の対象となる空間にまったく属さないところに自己を措定する視線のあり方の成立に観光の誕生をみようとする立場もある。それは、観光旅行の視線あり方の一側面を衝《つ》いているのであるが、むしろここでは別なアプローチをとりたい。それは、観光の視線が具体的な歴史・社会に規定されていることを重視したいのである。

われわれが、異郷の人々や風景を見る眼、あるいは見るまなざしが、どのような社会的歴史的状況のなかで形成され、その結果、どのような観光旅行と観光体験が成立したのかを考えることで、観光旅行という特異な現象のもつ歴史性、社会性が見えてくるはずである。イギリスの社会学者ジョン・アーリーは、観光のまなざしは、「社会的に構造化され組織化されている」（『観光のまなざし』二ページ）といっているが、この社会的構造化、組織化のありようを明らかにしていきたい。

メディア・イベントの成立

日本において観光旅行が、メディア・イベントとして始まったということは、社会的に構造化され、組織化された観光のまなざしを明らかにするうえで、有利な条件である。メディア・イベントは、メディアが人々の好奇心をひきつけ、人々を驚かせるために人為的に作りだした出来事である。しかし、メディアが勝手に出来事を作っても成功するわけではない。それぞれの社会状況時代状況において、地表の下に埋もれている鉱脈ともいえる、人々の潜在的関心を掘り起こすことが必要である。それを具体的な出来事に造型してはじめてイベントは社会的な話題となるのである。

メディア・イベントは、地表からは見えない人々の意識を具体的なかたちで顕現しているのである。むろん、メディア・イベントは、人々の好奇心をひきつけ、話題とならなければならないから、当然誇張や屈折などがともなっている。しかし、鉱脈にまったく含まれていない材料から、メディア・イベントは作れないのである。

メディアはその言説によって鉱脈から原石を掘り起こし、加工、製品化することによって社会的・文化的意味を与え、メディア・イベントを作りあげる。日露戦争後、朝日新聞社のイベントとして満韓旅行などが話題になったということは、海外観光への関心が漠然とにせよ存在し、観光のまなざしが社会的に形成されようとしていたところに、タイムリーな旅行イベントが提示されたと見ることができる。したがって、これら旅行をめぐる朝日新聞社の言説、その反響などを明らかにしていけば、この時期にどのような観光のまなざしが、どのような歴史的・社会的文脈のなかで形成されようとしていたのかを見ることができるはずである。本書では、このような観点から、日露戦争後の満韓旅行、世界一周といった観光旅行を考えていきたい。

「帝国の時代」と観光旅行

まず最初に、大づかみに観光の視線ということを考えてみれば、先に述べたとおり観光旅行の大衆化が実現したのは、一九世紀後半のイギリス社会である。

トマス・クックの作り出した観光旅行の対象が、当然であるかのごとくヨーロッパ大陸からアフリカ、インド、アジアへと拡大していき、世界一周にまでいたったのは、世界中に広大な植民地を支配する大英帝国の栄光と軍事力を背後にしていたことも明らかなことである。そして、観光旅行者は、当然のごとく産業と科学で世界をリードする大英帝国が遅れた〝未開国〟を見おろす視線をもって旅行していたであろう。トマス・クックの観光旅行は、「帝国の時代」（ホブズボーム）に生まれたのである。

欧米帝国主義を自明のものとする観光者たちは、見る主体である自分たちに疑いをもつことはなかったろう。彼らにとって、自らが観光旅行者であることはきわめて自明のことであった。しかし、見る主体となりうることは、一定の歴史的社会的状況の産物である。欧米においては、帝国主義が見る主体としての海外観光旅行者を生みだしたのである。

見られる客体から見る主体へ

しかし、日本においては、見る主体となることは決して自明のことではなく、複雑な屈折を経た体験であった。もともと日本は、欧米人の観光のまなざしの対象であったのである。トマス・クックも、日本の風景風俗が気に入ったといわれるが、エキゾチックな風俗によって日本人は欧米観光客によって見られる客体であった。

それが、日露戦争後、日本人が海外観光に出るということは、今度は見る主体になろうとしたということである。そこでの、観光のまなざしの一八〇度の転換こそ、日本における観光旅行の誕生を考える最も重要なポイントである。この転換は、なにを契機としていたのであろうか。また、日本人は見る主体として自己形成しえたのであろうか、自己形成したとしても、そこにいかなる内面的外面的葛藤や屈折があったのであろうか。最初の団体海外観光旅行である満韓巡遊船や世界一周旅行会には、そうした問題が集約的に表れているはずである。それらの観光旅行の参加者はどのようにして見る主体となりえたのか、さらにどのようなまなざしで観光地を見たのか。そして、それは、観光旅行だけの問題ではなく、日本人が外の世界をどう見ていたのか、外の世界とどのような関係をもとうとしたのかという問題につながっていくであろう。

なお本書では、明治期に書かれた新聞記事などを資料として用いているため、当時のアジア諸国に対する不当な差別的表現や、今日では使われない旧地名などが引用等の記述に含まれることがある。これらは、あくまで近代日本人の自意識を示す歴史資料として用いるものであることを、予めご了承いただきたい。

観光旅行の成立

見る主体の形成

朝日新聞社主催満韓巡遊旅行会

満韓巡航船発表　一九〇六（明治三九）年六月二二日の東西『朝日新聞』紙上に「空前の壮挙（満韓巡航船の発向）」として大々的に発表された満韓巡遊船の企画は、「△満韓地方巡航、△満韓視察の好機、△各種の便宜と助力、△航海の趣味」と、この旅行の意義を宣伝した。

△満韓地方巡航　涼を水辺に趁《お》ひ暑を山間に避くるが如きは事既に古りたり、酒を翠簾の影に呼び枕を緑樹の下に高うするに至つては又余りに女々し、戦勝国の民には戦勝国の民にふさはしかるべき豪快の挙なかるべからず、新興国の民には新興国の民に相応しつべき勇壮なる消夏の策なかるべからず、本社此に見る所あり、乃《すなわ》ち同人の熟議を重ねて一案を得たり、満韓地方巡航船発遣の議即ち是なり

これからの盛夏にあたって、水辺や山間に避暑するのはすでに古めかしい。そうかといって、すだれの影で酒を飲んだり木陰の昼寝で暑さをしのぐのは余りに消極的だ。日露戦争に勝利した戦勝国民、世界の一等国にのしあがった新興国民には豪快かつ勇壮な消夏法がなくてはならない。そこで朝日新聞社が汽船をしたてて、満州韓国を巡遊するという企画を思い立ったので、読者の参加を呼びかけるというのである。

社告によれば、巡遊船となるのは、尾城汽船会社所有のろせった丸という約三八〇〇トンの汽船、旅程は七月二五日に横浜を出航し、神戸・門司を経て、韓国の釜山・京城等を巡って満州の大連、旅順、長山列島などを見物し、日本に帰って来るもので約三〇日間もかかる。乗船賃は、甲が六〇円、乙が四五円、丙が二七円、丁が一八円。募集人員は、甲―七〇人、乙―一二九人、丙―一七五人、丁―二〇〇人、合計三四七人とされた。「満韓諸鉄道賃金の大割引及び満州に於ける宿舎供給に就ては目下陸軍省其の他と交渉中なり」とあり、詳細は追って発表することになっていた。

簡単にいえば、これは、往復旅費、宿泊、現地での観光などがパッケージされ、しかもガイドが同行する、団体パック旅行の売り出しである。このような旅行のかたちは、現在ではきわめてありふれたものになっていて、とうてい「空前の壮挙」とはいえない。それが、なぜ「空前の壮挙」ということになったのであろうか。

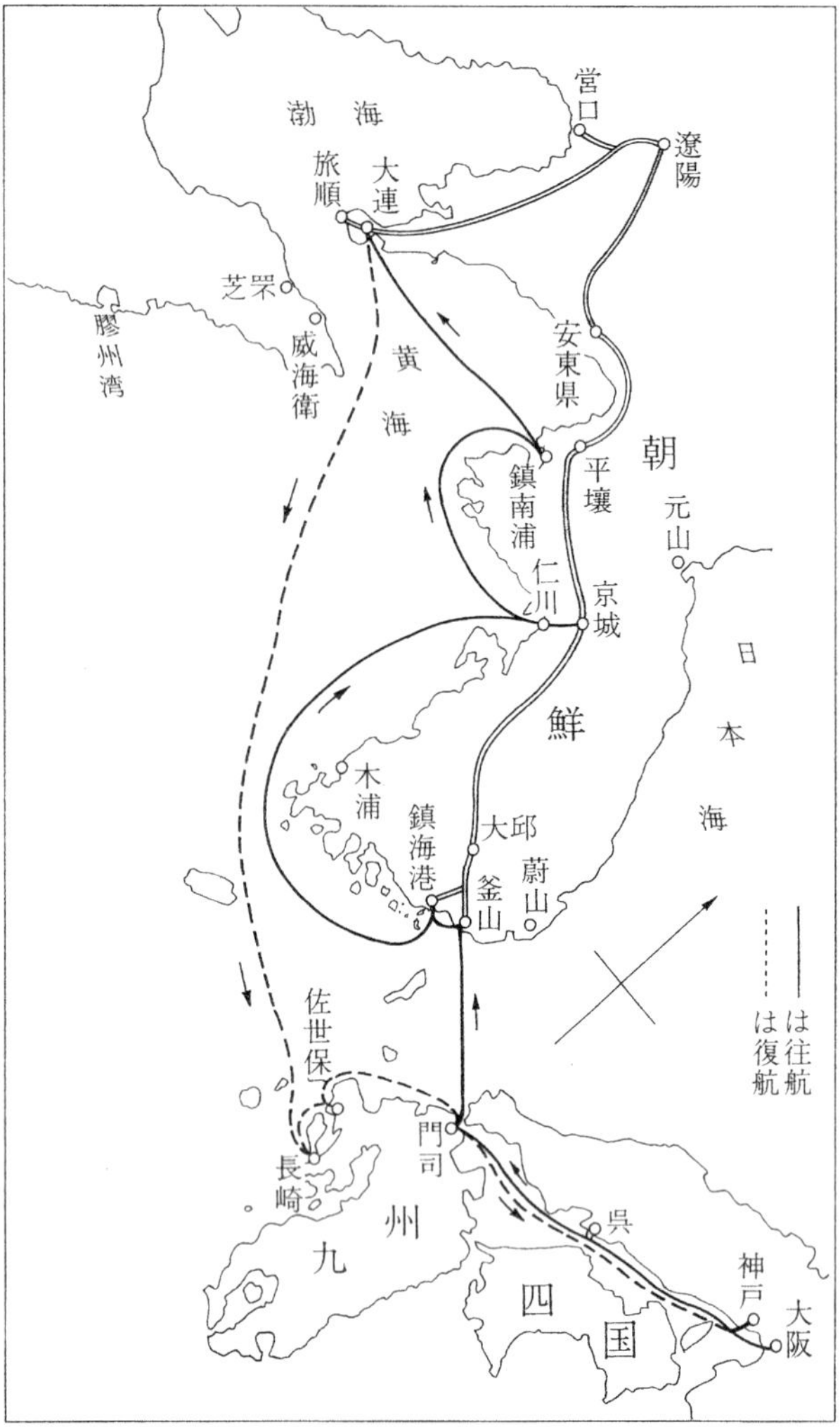

図１　満州韓国巡遊船航路（『大阪朝日新聞』明治39年６月24日）

旅行の歴史

日本では古くから旅行は盛んであった。しかも、伊勢参り、大山参りのように一般庶民が講をつくって、団体旅行することも盛んであった。それら寺社への参詣は、宗教的動機にもとづくものであったことはいうまでもないが、同時に物見遊山という性格ももっていたこともよく知られている。伊勢参りのついでに京都や奈良を見物したり、そこまで足をのばさなくても、古市あたりで楽しく遊ぶのが伊勢参りの隠れた目的でもあったりした。

また、盛夏に暑さを避ける旅行や農閑期に湯治場に出かける旅行もあった。明治の中期以降、鉄道がひらけてくると、避暑旅行や温泉旅行なども、かなり身近になってきていた。鉄道会社なども、名所見物、季節に応じての梅見や避暑などの名目で特別列車をしたてて、お客を募集するといった企画も活発におこなわれていたのである。

たとえば、一九〇六（明治三九）年七月の『万朝報』紙面をみれば、「汽車案内」として松島回遊列車、銚子回遊列車、官線避暑列車、湘南臨時列車、日光回遊列車などの広告が掲載されている。また、旅行会社の前身と思われるが、実体は不明の福徳堂団体旅行部が主催する江之島回遊会、多摩川鮎漁会といった旅行団体の広告もある。記事としても、各地の海岸、高原を紹介する「避暑地案内」といったものも連載されている。東京を中心に東海道線、東北線などの鉄道網が開け、鉄道を利用した団体避暑旅行などもかなりおこなわれていたのである。

しかし、海外旅行となると、これはまったく別であった。たとえば、一九〇二（明治三五）年の海外旅券下附人員をみれば、総計で三万二九〇〇人だが、そのうち「遊歴」はわずか一二〇人、約〇・四％にすぎない（『帝国統計年鑑』による）。また、一九一二（明治四五）年創立のジャパン・ツーリスト・ビューロー（現在株式会社ＪＴＢ〔もとの交通公社〕の前身）の設立趣意は「本会ハ外客ヲ我邦ニ誘致シ且《かつ》是等外客ノ為メニ諸般ノ便宜ヲ図ルヲ以テ目的トス」と、外国からの観光客の接遇をうたい、日本人を海外観光旅行に送り出すようなことはまったく想定していなかったのである。こうした状況で、汽船を一隻借りあげて団体観光客を海外に巡遊させるのは前代未聞の大事業であり、「空前の壮挙」というのも、あながち誇大宣伝とはいえない。満韓巡遊船は、日本最初の海外パック旅行ともいえる。

旅行企画の目的

だが、それにしても、新聞社である朝日新聞社は、なぜ満州韓国巡遊船という事業を企画したのだろうか。朝日新聞社は企画をたてただけではなく、社告によれば自ら旅行団を組織し、移動から宿泊の斡旋、現地のガイドまで旅行にかかわるさまざまな業務のほとんどを自社で面倒みることになっている。ジャーナリズム活動をおこなうはずの新聞社が、観光旅行業者の役割まで果たそうというのは奇妙といえば、奇妙である。

そこには、毎日毎日、読者の興味をひき、かつ社会的に重要な出来事、少なくも重要そうにみえる出来事を不断に報道していかなければならないという新聞社の経営上の要請がある。新聞社は、広範な取材体制をしいて、重要でかつ好奇心をひきつける出来事を収集し報道していくのだが、それだけでは人々の関心をひきつけるニュースは十分とはいかない。そこで、新聞社は、自分で人々の関心をひきそうな出来事（イベント）を作りだすのである。明治中期から、新聞社によるイベント創出は盛んにおこなわれていた。俳優や代議士の人気投票、各種の義捐金《ぎえんきん》募集からはじまって、上野不忍池周回のマラソン大会（一九〇一年、時事新報社）、東西対抗徒歩旅行（一九〇一年、二六新報社）、宝さがし（一九〇四年、万朝報社）といったイベントが多彩に作りだされていた。特に日露戦争後は、イベント創出が、新聞社にとって重要な経営戦略となった。

日露戦争とメディア

日露戦争は、ニュースに対する需要を高め、当時の最大のメディアである新聞の部数を大きく飛躍させた。首相桂太郎は、自伝において「我が国有史ありて以来、日魯戦役程安危存亡を賭《と》したることなし。就中《なかんずく》兵制は全国皆兵なれば、都市町村の区別なく、殊《こと》に村民に在つては此戦に参与すること甚《はなはだ》しければ、負傷死者の数も自から多大なりし。之《こ》れ一方に於ては戦は全国民の戦争にして旧昔屢々《しばしば》ありしごとく武士の戦にあらず」（宇野俊一校注『桂太郎自伝』平凡社、一九九三年、三三一ページ）と述べている。「全国民」として動員の対象となった人々にとって、日露戦争は身近な戦争、身近であらざるを得ない戦争であったのである。そこでは、新聞の報道が戦況を知るほとんど唯一の手段であったから、人々は新聞の報道を待ち望み、一喜一憂することとなった。

これに応えるため、各新聞社は戦況報道に全力を傾注した。戦争は、突発的な自然災害ではなく、一種の人工的出来事（イベント）であり、すべて予定どおり進行するわけではないにしても、ある程度いつ、どこで戦闘が勃発するか分かるわけであるから、各新聞社は計画的な取材体制をとる。軍部は従軍記者を一社一名に制限したが、有力新聞社は地方新聞社の名義を借りるなどの方法で多数の従軍記者を戦地に派遣し、大阪毎日新聞社の従軍記者はのべ四一名にものぼったという（『毎日新聞百年史』八三ページ）。夕刊発行のない当時にあって読者の速報はなんといっても号外であった。各新聞社は競って号外を発行したが、なかでも大阪においてほぼ寡占的状態を形成しつつあった『大阪朝日新聞』と『大阪毎日新聞』は、激しい号外競争を展開し、『大阪朝日新聞』は一九〇四（明治三七）年一年間だけで二四八回も号外を発行し、一日に四回出したこともたびたびであったという（『朝日新聞社史・明治編』四四八ページ）。

速報だけではなく、写真印刷の技術が進歩し視覚的（グラフィック）報道が活用されだした。新聞本紙にマリノニ輪転機で写真網版の印刷に成功したのは、一九〇四（明治三七）年二月一七日の『日本』が最初だとされるが、その後各新聞とも技術開発につとめ、『東京日日新聞』は、一九〇四年四月四日、「閉塞決死隊二十九勇士」の網版写真をはじめて掲載し（『毎日新聞百年史』九九ページ）、『東京朝日新聞』は、一九〇四年九月三〇日、同紙はじめての写真として遼陽戦の情景写真を掲載した。ニュース写真の掲載も活発になり、旅順での乃木希典・ステッセル両将軍の会見写真なども各紙の紙面を飾った。

写真による戦況報道は、新聞だけではなかった。雑誌では、博文館の『日露戦争実記』(一九〇四年二月一三日創刊)は、豊富な写真やさし絵によって人気を博し、『日露戦争写真画報』に発展していった。一八九六(明治二九)年ごろから新奇な見せ物として勃興した映画も、日露戦争の実写の公開によって大いに活気づいた。外国人カメラマン、日本人カメラマンが戦場にかけつけ、ステッセル将軍との会見におもむく乃木将軍といった現地の情景を撮影したのである(佐藤忠男『日本映画史』岩波書店、一九九五年、一〇七ページ以下)。

煽情的な戦況記事や写真・映画などが、かつてないほど濃密な情報環境を作りだし、号外に一喜一憂する緊張・昂揚した気分は独特の共同意識を産み出した。国木田独歩の小説『号外』は、号外が出るたびに「通りがゝりの赤の他人さへ言葉をかけて見たいやうな」日露戦争中の雰囲気を描いているが、戦争と情報メディアは「国家」という共同性を実感させた。そして、強化された「国民」意識はますます情報に鋭敏になっていく。

新聞発行部数の増加

このような「全国民の戦争」状況が、メディアの膨張を加速することはいうまでもない。この時期の各新聞発行部数を客観的に示す統計は存在しないため、各種の推計によらざるをえないが、推計を表1に掲げた。これから分かるとおり、各新聞は日露戦争前と戦争後では部数を増加させている。表1の数字と若干食い違うが、国民新聞社の記録では、日露戦争前は約二万部であったのが、戦争中には約四万部と倍増し、ポーツマス

表1　明治末期・大正期東京各新聞推定発行部数

	1904年	1907年	1912年	1914年
報知新聞	14万	175,000	24～25万	24万
国民新聞	2万	34,000	20万	19万
東京朝日	9万	81,000	17～18万	12万
万朝報	16万	87,000	11万	10万
やまと	—	18,000	10万	11～12万
時事新報	5万 5千	41,000	8～ 9万	6万
東京毎夕	—	6,000	7～ 8万	19～21万
二六新報	3万 2千	60,000	7～ 8万	5万
都新聞	5万 5千		7万	3万
東京日日	3万 5千	24,000	4～ 5万	11～12万
中外商業	1万	18,500	4～ 5万	3万
読売新聞	1万 5千	32,000	4万	—
中央新聞	4万	35,000	3～ 4万	11～12万
東京毎日	—	24,000	2～ 3万	3万
日本	1万 2千	27,000	—	3万
大阪朝日	20万	—	—	35万
大阪毎日	20万	—	—	33万

〔注〕 1904年の推定部数、毎日繁昌社『広告大福帳』1904年10月号。東京16紙合計71万7千。大阪3紙合計25万。

1907年の推定部数は、内務省「新聞通信社一覧表」『原敬関係文書』。第8巻所収。

1912年の推定部数は、新聞取次業組合幹事長根岸良吉「大正初期から今までの販売界の変遷」「新聞及新聞記者」1916年10月15日号。

1914年の推定部数は、後藤三巴楼『新聞及新聞記者』(1915年、二松堂書店) p.118による。年度は明示されていないが、文脈から1914年頃である。

講和条約締結時には約六万五〇〇〇部に達した（拙著『徳富蘇峰と国民新聞』吉川弘文館、一九九二年）。正確な部数が分かる『朝日新聞』の部数を表2に掲げた。これでも、『大阪朝日』『東京朝日』の部数は戦争中上昇したことは明らかである。

しかし、戦争が終わると、戦況報道や講和条約報道の熱狂と興奮の反動がやってきた。各新聞とも部数の減少に歯止めをかけるのに必死となり、しかも戦時報道に多額の投資をおこなった結果、経営的には苦しい状態に陥っていたのである。表2の東西の『朝日新聞』部数をみても、一九〇六年は大きく減少している。

表2　朝日新聞発行部数

	大阪朝日	東京朝日
1899年上期	113,249	48,395
1899年下期	120,437	59,043
1900年上期	126,132	69,429
1900年下期	121,684	70,293
1901年上期	119,028	65,260
1901年下期	—	71,461
1902年上期	—	70,610
1902年下期	120,155	75,388
1903年上期	119,816	71,610
1903年下期	132,208	82,151
1904年上期	152,403	87,266
1904年下期	136,150	98,241
1905年上期	132,537	107,223
1905年下期	139,257	96,475
1906年上期	123,566	77,678
1906年下期	137,989	82,073
1907年上期	140,644	91,389
1907年下期	157,975	101,214
1908年上期	157,762	99,794
1908年下期	176,762	94,572
1909年上期	161,381	101,421
1909年下期	175,517	111,292
1910年上期	164,382	108,408
1910年下期	194,441	120,422
1911年上期	—	115,983
1911年下期	210,049	125,630
1912年上期	201,596	122,095
1912年下期	228,080	134,394
1913年上期	210,364	126,515
1913年下期	—	140,727
1914年上期	—	148,495
1914年下期	285,952	158,209

冷却・収縮してしまう読者市場のなかで、各新聞社は部数を維持し、拡大するため激しい営業競争を展開することになった。そこでは紙面改革などさまざまな手段がとられたが、なかでも戦争に代わって読者の関心をひき、興奮をつくる事件としてイベントの人工的創出が重要な経営戦略となったのである。

朝日新聞社のイベント戦略

朝日新聞社の満州韓国巡遊船の企画を最初に思いついたのは、東京朝日の経済部長格であった松山忠二郎であったとされる。彼が、一九〇六年六月一一日の編輯会議で当時神戸―横浜間の定期航路に就航していたろせった丸を利用して、満州、韓国の視察旅行をやったらどうだ、と提案したところ、主筆の池辺三山は大いに賛成し、松山を大阪に派遣した。松山忠二郎の提案に朝日新聞社の経営者である村山龍平、上野理一もただちに賛成し、実現をみたものである（『朝日新聞社史・明治編』五〇〇ページ）。

社告が発表されたのは六月二二日であるから、企画が社内で提案されてから、わずか一一日で実行を決めたことになる。『東京朝日』社説も、「至急の思ひ付を至急に実行したる次第なれば、不行届は免《まぬが》る可《べ》からず」（七月二五日「送満韓巡遊船」）と認めているほどである。だが、これだけ短期間に決定したのは、このイベントが朝日新聞社幹部には当時の社会の状況にあって大きな話題となりえると考えられたのであろう。

確かに、先に述べたように海外旅行そのものが、大冒険ともいえる状況にあっては、汽船をしたてて、団体観光客を海外に送り出すというのは、人々を驚かせ、好奇心をひきつけるイベントであった。ただ、これには、十分な事前準備と安全な旅行を運営する組織力・資金力が必要であり、朝日新聞社としても、かなりの危険をともなうイベントであった。東京で発案しながら、大阪本社に持ちかけ、東京大阪一体となって進めることになったのは、全社あげての体制でなければ、十分な応募者も集められず、成功はおぼつかないという判断があったからであろう。満州韓国巡遊船は、当時の新聞社のイベントとしては、かなり大規模であり、大阪、東京の二大都市での新聞発行を実現していた朝日新聞社の力によって、ようやく実現できるものであった。

満州韓国観光旅行ブームの出現

申込者殺到

東西の『朝日新聞』は、六月二二日の社告発表から連日、満韓巡遊船を宣伝する記事を大々的に掲載していった。たとえば、『大阪朝日』六月二五日社告は、「●空前の壮挙　▲満韓巡遊船の発遣　▲満韓の江山は笑つて海国民の遊覧を待つ　▲水碧《みど》りに山青く同胞の血は尚其間を染む　▲夢に旅順を見耳に奉天を聞くも何かせん　▲百聞は一見に若《し》かず此際何人《なんぴと》か躊躇《ちゅうちょ》する」などと、感情に訴える言葉を使って異郷でありしかも日露戦争の激戦地であった満州韓国への旅行を誘っている。

ところが、四日後の二六日『東京朝日』の記事「満韓巡航彙報《いほう》」は、「甲乙丙満員」と見出しをつけ、「巡航船発向の計画は実に意外の好況を以《もっ》て迎へられたり」と報じている。朝日新聞社としては二二日の発表以降しだいに詳細を発表して、参加者を募集していくつもりであったが、詳細の発表を待たず申込者が殺到し、社告発表後わずか三日で甲種乙種丙種が満員となってしまったのである。これは、「本社の計画が最も好時期を得たるに因《よ》るといへども亦《また》一つには諸君が平素本社に対して有せらるゝ信用厚きに因らずんばあらず」と自画自賛しているが、予想以上の出足であったようだ。

しかも、翌日の『大阪朝日』二七日は、「満員申込御断」という大きな記事を掲げ、「国民の気象は戦争に因りて慥《たしか》に雄大を加へたり　我が社満韓巡遊船の発遣を発表してより日を経ること僅かに五、甲乙丙丁の会員三百七十四名、早く既に満員となれり」と発表し、読者に満員謝絶を断った。旅程・船賃・目的地概要など要項しか発表していない段階で、多数の申込が殺到し、わずか五日間ですべて満員となってしまったのである。『朝日』社告も「実に意外の好況」と認めているとおり、朝日新聞社としても予想以上の大反響であった。朝日新聞社は、この大成功に驚いて、「咄嗟《とっさ》の間に第二船を議するの企てを為したりしが」、適当な汽船が急にはみつからず、やむなく断念したと述べているほどである（『東京朝日』七月二五日社説「送満韓巡遊船」）。

旅行サービス・寄贈品の殺到

しかも、満州韓国巡遊船は、応募者が殺到する大人気を博しただけでなく、もっと大きな社会的反響を引き起こしていったのである。まず、朝日新聞社の社告が発表されるや、陸軍海軍や鉄道会社などが満韓旅行会に特別の便宜をあたえたのである。陸軍は、大連・旅順の上陸許可と大連桟橋の無料使用、陸軍の管理する韓国および満州の鉄道全線の鉄道運賃を三分の一に減額、沿線の軍用宿舎も軍事に支障のない限り利用を許可した。海軍も、呉・佐世保の両軍港への入船と海軍工廠《こうしょう》参観を認めた。

国内の各鉄道会社（東海道官線鉄道、山陽鉄道、九州鉄道、日本鉄道、甲武鉄道、川越鉄道）は、もよりの乗船港までの鉄道運賃の大幅割引を申し出た。東西の本願寺は、釜山・仁川・京城・大連・旅順・奉天・遼陽・鉄嶺の別院を宿泊所もしくは休憩所として提供することを認め、さらに、若松製鉄所、三菱造船所、川崎造船所、大阪鉄工所は、一行の自由観覧を許可した（『東京朝日』六月三〇日）。

むろん、こうした便宜提供には、朝日新聞社側からの働きかけがあったことは容易に推測できる。だが、一新聞社の事業に陸海軍、鉄道会社などがこれだけの協力をしたことは、満韓旅行という事業の意義を肯定的に受けとめていたことを示しているだろう。

また、これら公的組織による便宜供与だけではなく、一般の会社や個人が、朝日新聞社に寄贈の品を提供したのである。これは、二二日の社告発表後ただちに、大阪市内備後町森下博（森下仁丹）が鄭重な書状とともに仁丹美術容器入一〇〇〇個を寄贈したのが最初のようだが、以後連日陸続としてさまざまな物品が東西の朝日新聞社に寄贈された。寄贈者と寄贈品は、『大阪朝日』『東京朝日』紙面に掲載されたが、それを集計すると、合計一四二名、一七六件に登っている。寄贈された品物は実にさまざまで、胃腸薬・虫除け・化粧品・歯磨き・石鹸といった日常生活用品から靴・ネクタイ・外套といった衣料品。地図・会話本・小説・義太夫本から宗教書・武道書にいたる多種多様な書籍・雑誌。ビール・清酒・サイダー等の飲料水。ピンポンから盤上ゲーム。簡易ベッド。手ぬぐい、ハンケチ、団扇《うちわ》。葉書・封筒・鉛筆等文具類——旅行会会員が使い切れないほどの品物が大量に寄贈されたのである。

各商店、各人の寄贈が紙面に載りだすと、われもわれもといった勢いで寄贈が殺到したのには、社会の話題に乗じて商品の宣伝をおこなおうとする狙いがうかがえる。しかし、それだけではないだろう。これだけ一挙に寄贈品が集まるのは、満韓旅行に特別な意味を見出す意識、すなわち帝国日本の「皇威」が及んだ最前線、日本の新しい勢力圏である満州、韓国を実地に視察するという宣伝文句に拍手喝采する意識が相当広範に存在していたことを示している。満州韓国巡遊船社告を見て、直ちに応募した参加者たちの満州韓国への強い関心は、応募者ばかりでなく、もっと広く社会に共有されていた。そうした共鳴板があったからこそ、陸軍海軍、鉄道会社だけでなく、一般の会社商店、個人まで満韓巡遊船に呼応し支援する動きが拡大していったのである。

学生生徒の反応

満韓巡遊船の反響は、陸海軍、鉄道会社、一般会社商店を巻き込んでいっただけではなかった。さらに大きな満州韓国への学生の修学旅行ブームを引き起こしていき、満州韓国旅行への関心はいっそう拡大していったのである。

もともと朝日新聞社は、満韓巡遊船の参加者として学生に期待をかけていた。三七〇名の定員のうちほぼ三分の一弱にあたる二〇〇名を、甲種の乗船料金の約三分の一の丁種という最も安いランクに割り当てていた。このような人数比は、乗船ろせった丸の船室の関係があるだろうが、主として学生の応募をあてにしていたようで、『大阪朝日』六月二五日は、普通の三等にあたる丙種のほかに、丁種を設けた理由を「主として学生等をして此の壮挙に加はるを得せしめんとする精神に出づるもの」と説明している。

しかし、実際の学生申し込みは四六名で、丁種のなかでも四分の一にすぎなかった。これは、学生が両親や学校の許可を得るのに時間を要し応募が遅れたところ、すでに満員となってしまったようだ。これに対し、『東京朝日』六月二七日は、「学生満韓旅行の便」という記事を掲げ、陸軍省が、中学程度以上の学校生徒が夏期休暇を利用して満州韓国地方に旅行しようとする場合、学校職員が付き添い団体として行動するのであれば、御用船の無賃乗船その他の便宜をあたえるはずだ。その第一着として鹿児島中学生徒一〇〇名に、この便宜が与えられたと報道している。この鹿児島中学生徒の満韓旅行は、時期的にみて、朝日新聞社の巡遊船事業に触発されたというより、もともと満韓への修学旅行を計画していて陸軍に御用船利用を要請していたのであろう。

また、陸軍の側も、当初は満州韓国への修学旅行を積極的に誘致する方針をもっていたわけではなかった。鹿児島中学への便宜供与についても、これを否定する報道もあったほどである（『報知新聞』六月二九日）。しかし、満韓旅行が大きな反響を起こしている状況をみて、陸軍は方針を転換し、文部省が適当と認めた中学以上の学校生徒については御用船の無償乗船などを認めることとし、文部省にも通牒した（『読売新聞』六月三〇日）。これによって、学校生徒の満韓修学旅行は、一挙に燃えあがることになったのである。

朝日新聞社は陸軍の動きを自社の事業と結びつけ、六月二八日『東京朝日』は、「学生諸君満足の別途は開けたり」と題し、満韓巡遊船はすでに満員となったにもかかわらず、学生からの応募は引きもきらず、断るのも不本意であったが、二六日陸軍当局が御用船便乗の許可を与えたことは本社にとっても喜ばしい。「父兄の許諾を得られたる諸君は各自所属学校の管理者にねだりて御用船に便乗することゝせらる可《べ》し」と、学校生徒の満韓旅行を煽るような報道をおこなっている。さらに、『大阪朝日』六月三〇日は、社説「学生と満韓行」を掲げ、東京電報を引用して陸軍の便宜供与を大歓迎し、「我が社は何人《なんぴと》が之《これ》を企つるも可なり、海国民の気象を養ひ、大発展大進取の端《たん》を作り、満韓の野を胸中に畳み込みて、之を呑吐《どんと》するの概《がい》を為せば足る」と学校による満韓旅行を奨励した。

朝日新聞社だけでなく、他の新聞社も満州韓国修学旅行を称揚する記事を掲げた。特に熱心だったのは『読売新聞』で、『読売新聞』は六月二〇日という早い段階から、「我輩は、各学校生徒が是より相前後して、満韓或は台湾に向つて修学旅行を企つるの挙に出でんことを望むとともに、我が官憲が彼等に対して能《あた》ふ限りの便宜を与へ、各私設鉄道及び各航業者が彼等に対して、無賃若《も》しくは大割引の特典を与へんことを望まざるを得ず」と主張していた（社説「修学旅行区域拡張」）。さらに陸軍省の便宜供与が報じられると、いっそうの拡大をもとめるなど（六月二八日社説「学生の満韓旅行」）、国勢膨張のためにできるだけ学校生徒を海外の修学旅行に赴かせるべきことを主唱していた。また、地方新聞も地元の学校の満韓修学旅行を奨励する記事を載せていた。

満韓修学旅行ブームとなる

こうした朝日新聞社をはじめとする各新聞の主張や陸軍の動きは、各学校の動きを加速することになった。『大阪朝日』六月三〇日は、広島の通信員からの記事として、朝日新聞社の満韓巡遊船が「各方面の人々に刺激を与へ管理実業家学生等の中其の予定せる消夏策を変じて同地方面への壮遊を企つるもの続々出来《いできた》れり現に高等師範学校の如きは校長以下職員約十名文部省へ向て夏期休暇中満韓へ旅行したきにつき相当の便宜を与へられんことを願ひ出で都合によりては生徒若干名を率ゐ出発すべしと云へり」と報じている。朝日新聞社の巡遊船が刺激となって広島高等師範の教員が、満韓旅行を計画し、その便宜措置を文部省に願い出たというのである。

このような下からの動きに応じて、文部省も満州韓国への修学旅行を積極的に進めることになった。『大阪朝日』七月五日記事には、「陸軍にて計画せる学生満韓修学旅行に就き至急調査の上通知すべき様専門学務局長より当府へも照会あり四日午前府下公私三中学校、専門学校、師範学校教員を召集し七日までに希望者数其の他附添員数等を申出べき旨通達したり」とある。六月二六日の陸軍方針に応じて、文部省専門学務局長が各府県の各学校に人数等の計画を至急提出せよと通達を出したというのである。これが、新聞に取り上げられることで、修学旅行熱はいっそう高まっていった。

たとえば、大阪府では文部省通達を受けて、各学校に照会したうえ、七月八日に府下の満韓修学旅行希望を締め切ったが、その時点での希望校数は一五校、生徒三六七名、付添職員五〇名、医師は五名という大規模なものにふくれあがり、五回にわけて出航するほどにまでなっていた（『大阪朝日』七月九日）。各地方・各学校とも、満韓修学旅行熱が短期間のあいだに驚くほど燃えあがったのである。

小学校教員の勧誘

さらに、文部省は、学生生徒だけでなく、小学校教員の満韓旅行も団体で満韓旅行に赴く際には、生徒の修学旅行と同じく御用船無賃乗船等の便宜をあたえるなど奨励する方針を打ち出した。これも、朝日新聞社が主張するところであった。『東京朝日』は、七月七日に社説「満韓と小中学教員」を掲げ、政府が学生生徒の満韓修学旅行に特別措置をとって奨励する政策をとったことは大いに喜ばしいことだが、それに加えて小中学校教員、特に小学校教員にも特別の便宜をあたえ、満韓旅行を勧めるべきである。なぜなら、小学校教員は日露戦争において偉大な勲労があったし、直接満州韓国の地を踏んで、かつての教え子たちの戦跡を訪い、さらに「現在及び将来の子弟に新興国の新国民たる資格を付与する必要なる知見」を得ることができれば、国家にとってはなはだ有益だというのである。

府県レベルでも、修学旅行や教員の旅行に対する助成措置がとられた。東京府参事会は、府立各学校の満韓修学旅行補助費として二〇二二円を予備費から出費することを全会一致で議決した（『万朝報』七月五日）。大阪府では、これまで小学校校長を東京、横浜、神戸等の商業地視察に派遣していたのを取りやめ、小学校校長および代理訓導（教員）で満韓旅行に出るものに一人あたり三〇円の補助金を出し、高等商業の旅行に付き添う職員に若干の補助金を支出することとした（『大阪朝日』七月一二日）。また、三重県でも、満韓視察の小学校教員に一五円、県立学校職員に二五円、合計二〇〇円を出費する措置をとった。

六月下旬から七月にかけて、満州韓国への修学旅行と小学校教員の旅行について新聞紙面で拾えるものだけでも、東京府、大阪府、広島県、三重県、滋賀県、香川県、鹿児島県、熊本県の各学校で修学旅行が行われ、東京府、大阪府、滋賀県、愛知県、香川県等で教員の派遣がおこなわれた。

陸軍の配船は次のようであった（『読売新聞』六月三〇日）。

〈船名〉	〈人員〉	〈乗船地〉	〈乗船予定日〉
樺太丸	六〇〇人	宇品	七月一五日
小滝丸	六五〇人	同	七月一九日

神宮丸　　六五〇人　同　　七月二三日
御吉野丸　一〇〇〇人　同　七月二五日
樺太丸　　六〇〇人　同　　七月二九日

『時事新報』七月二三日の記事は、文部省調査として、直轄学校一七校・学習院その他各私立専門学校等八校の申込生徒数八二一名、付添職員八一名、医師七名、合計九〇九名、各府県の申込者は生徒四三〇〇名、職員七〇一名、小学校教員等一六五〇名、医師五六名、合計六七〇七名。申込者総数七六一六名に達したという。しかし、船舶の都合でこのすべてを認めることができなかったため、実際の旅行者総数三六九四名であった。

突然、熱狂的と言っていいほどの満州韓国修学旅行、小学校教員等の満州韓国旅行が、燃えあがったのである。朝日新聞社の満州韓国巡遊船が火つけ役になると、各地方各学校等に燃え移り、それに陸軍省、文部省が油を注ぎ、ますます燃えあがっていった。朝日新聞社は、メディア・イベントのための大鉱脈を掘りあててしまったのである。

観光の主体の形成

朝日新聞社の満韓巡遊船は、予想以上に大きなエネルギーを噴出させることになった。それにしても、なぜこれだけ大きな満州韓国旅行熱が噴出したのであろうか。まず、考えられるのは、海外旅行を可能にする社会的経済的条件が十分成立していたということである。満州韓国巡遊船は、約三〇日の旅程、六〇円から一八円という旅費がかかる。これ以外に食費（船内では甲種乙種は一日七五銭、丙種丁種は一日三六銭）や乗車賃などを要するから、相当の経済的・時間的余裕がなければ参加できなかったはずである。

海外旅行の経済的条件

たとえば、当時の小学校教員の給料をみると、尋常小学校正教員は人口一〇万以上都市の場合一六円、高等小学校正教員は同じく人口一〇万以上の都市で平均二〇円（『大阪朝日』一九〇六年六月二八日記事による）であり、丁種の乗船賃だけでも小学校教員の月給ほぼ一月分にあたる。

表4　職業別

商業	146
学生	46
製造業	29
教師	20
会社員	18
農業	16
弁護士	8
僧侶	8
医師	4
無職	36

表3　満韓旅行会会員

住所別	人数	備考
大阪	133	大阪124、河内・和泉・茨木・三島郡を含む
東京	91	
京都	46	綴喜郡を含む
愛知	11	名古屋、三河
神戸	9	
長野	9	信濃を含む
滋賀	8	大津、近江、滋賀の合算
その他	82	
合計	389	

これだけ高価な旅行に申し込むには、かなりの蓄えがなければならなかったであろう。しかし、それでも多数の応募者が短期間に集まったのである。

参加者の構成

全参加者の姓名・住所・職業は、新聞紙面に発表されたので、知ることができる。満韓旅行会会員として発表された参加者は、当初の予定の三七四名より若干多く、合計三八九名である。これを府県別と職業別にまとめ、表3、4に掲げた。ただし、住所・職業とも、申し込み者の自称で記載されているが、筆者が整理して表にまとめた。また、乗船料金は、甲の六〇円から丁の一八円まで約三倍以上の格差があり、当然社会階層と関係あると考えられるが、紙面記載の氏名には甲乙丙丁のランク別は表記されておらず、残念ながら分からない。

府県別では、東北から九州までほぼ全国にわたっているが、大阪が最多で一三三名、次が東京の九一名、三番目が京都四六名となっている。大阪・京都・神戸・滋賀を合わせると、一九五名で全体の約五〇%になる。これは、西日本と東日本で満州韓国旅行への関心の差があったと見ることができるかもしれないが、むしろ『大阪朝日』と『東京朝日』の読者市場での占有率の差と見るべきだろう。『大阪朝日』が関西地区で『大阪毎日』とほぼ寡占状態を形成し、これら地方で圧倒的に読者市場を支配していた。これに対し、当時の『東京朝日』は、表1、2に示したとおり東京の有力紙ではあったが、『大阪朝日』ほど読者市場の占有率は高くなかったのである。

職業別をみると、最も多いのが商業で一四四名、二番目が学生四六名、製造業二九名、教師二〇名、会社員一八名となっている。申込者の多くは、商業・学生・製造業・会社員・弁護士・医師等の都市の職業に従事している者であった。それは、府県別でも大阪・東京・京都といった大都市が多いこととも符合する。都市中流層を中心に、一定の時間と費用をかけて海外旅行に出かける社会経済的条件が成立していたのである。反面では、農業が一六名（約四%）と非常に少ない。これは、『大阪朝日』『東京朝日』が農村地帯にまで十分浸透していなかった、あるいは農業者の満州韓国への関心が低かったとも考えられるが、また約三〇日間も留守にするのが農業者には無理であったためであろう。農業の参加者は、おそらく地主層であったと推定できる。

確かに、社会経済的条件は海外旅行が成立する必要条件の一つである。しかし、経済的・時間的余裕が生じたからといって、海外旅行の前例のない時期に、わざわざ満州韓国旅行まで出かけるわけではないだろう。満州韓国旅行に跳躍するには、相当強い動機づけがあったはずである。

「帝国の武威」を見る

満州韓国旅行について、朝日新聞社の社告は次のように説明している。

△満韓視察の好機　夫《そ》れ満韓の港湾山野は我が忠勇なる海陸将士の血戦力闘して以《もっ》て帝国の武威を発揚したる所、思ふに親しく之《これ》に就いて戦跡を弔し忠勇を慰し、併せて我が　皇威の那辺《なへん》に及べるかを視察せんことは、苟《いやし》くも日本の何たるかを解せる内外人の等しく渇望する所なるべし、唯《ただ》運輸の利未《いま》だ備はらず、視察の便尚《なお》全《まった》しといふを得ず、加ふるに之を要するの時日と伴侶を両《ふた》つながら俄に得難きものあるに由りて空しく其《その》望みを遂《と》ぐるに躊躇せざらしむるを得ざるのみ、我社今三旬の夏期を利用して満韓巡視の便を大方に供せんとするもの実に此《この》需要に応ぜんとするの微意に出づ

満州韓国旅行に夏のうさ晴らし、私的・個人的な楽しみという性格もあったが、それ以上の意味がこの旅行には付与されていた。満州韓国が勇壮な消夏の地となるのは、そこが「我が忠勇なる海陸将士の血戦力闘して以て帝国の武威を発揚したる所」、すなわち日清戦争、日露戦争の両度にわたる戦場であるからである。満韓巡遊船が訪れる旅順、大連等は、たんなる外地の任意の

場所を指している地名ではなく、日本軍勇戦の地という戦争の記憶が想起され参照されることによって、特別な感情を喚起させ、特別な意味をおびた歴史的象徴の地とされていたのである。それによって、満州韓国旅行は、たんなる消夏のためではなく、「豪快、勇壮な消夏法」となったのである。そして、その歴史的記憶は、日本国民・「新興国の民」という共同性にもとづくものであり、満州韓国旅行は私的旅行ではなく、「新興国の民」として出かけるべき旅行とされたのである。

「国民」意識と「帝国民」意識

朝日新聞社は、日露戦争に戦勝し高揚した「国民」意識に強く訴えることで、巡遊船の参加者を募ったのである。もとより、これは朝日新聞社のアピールであって、これをもって参加者の意識と即断できないところはあるが、ごく短期間に申込者が殺到し、しかも満韓修学旅行までブームとなったということは、このアピールが強い共感を呼んだということであろう。

先に引用した日露戦争時の首相桂太郎の言のように、日露戦争は「全国民の戦争」であり、大規模に民衆が動員された。そこに、新聞・雑誌あるいは映画などのメディアが、遠い外地の戦争に関するニュース、画像等をかつてない規模で伝えたのである。こうした情報環境は、地域や出自を同質化し、国家への所属意識、「国民」という意識を強化昂揚させていった。色川大吉は、「『国家』が全民族的な運命共同体の幻想をもちえたのは日露戦争のときであった。その共同幻想の運命的・民族的実感こそが、明治の大衆をはじめて『国』に〝同化〟せしめたのである」(『明治の文化』三一六ページ)と述べているが、「イメージとして心に描かれた想像の政治共同体」としての「国民」(ベネディクト・アンダーソン『想像の共同体』)の形成にとって日露戦争は大きな画期であった。むろん、日清戦争も、そうした意識の形成に大きな役割を果したが、日露戦争は、それをいっそう揺るぎなく、かつ疑うべからざるものとしたのである。昂揚した「国民」意識が前提になければ、満州韓国旅行が大きなブームとなることはなかったろう。

しかし、朝日新聞社が訴えようとしているのは、「国家」への所属意識、「国民」の一体感だけではなかった。「我が　皇威の那辺に及べるかを視察」することの意義を訴えようとしている。日清戦争・日露戦争の戦跡は、過ぎ去った過去の栄光として懐旧される地であると同時に、日本が今や自己の勢力圏としようとしつつある土地、日本の膨張の最前線の地なのである。それを現地で実見することが、旅行の最も重要な意義とされた。

そこにうかがえるのは、「国民」であるという意識から一歩進んで、日本が外地や異民族をも自己の傘下におさめる帝国になったのだという意識である。第一次、第二次の日韓協約によって韓国を保護国化し、さらにポーツマス条約によって東清《とうしん》鉄道などを獲得した「皇威」は今や大陸にまで及び、日本は帝国にのしあがり、われわれは「帝国民」だという意識が浮上してきたのである。『大阪朝日新聞』社告は、「況《いわ》んや戦後経営の一端として、我が国民が驥足《きそく》を満韓に伸べんとするに、実地視察の必要あること弁を待たざるをや」と、満州韓国が日本が経済的拡大を将来的に実現すべき土地であり、それを実地視察する意義を語っていた。

また、朝日新聞社社告は、満韓巡遊船が海国の気象を養成することも強調していた。

殊に航海の趣味は海国の民の養はざるべからざるところ、悲しいかな邦人の多く此の点に於いて闕如たり（中略）我が社が故《ことさ》らに内地を棄てゝ満韓を取り旬日の跋渉《ばっしょう》を代ふるに三旬の壮遊を以《もっ》てしたるもの亦《また》一に之《これ》に依りて青年の士気を鼓舞し海国男児の真骨頂を養はしめんとするの意に外ならず（以下略）

この場合の海国とは、直接的には日本が四囲を海に囲まれているという地理的条件を指しているのだが、ただそれだけではなく、日露戦争での海軍の活躍などを連想させ、海を越えて国勢を拡大させていく意味をふくませている。海国とは海によって閉ざされているのではなく、海を越えて雄飛していく国家というイメージである。暗に世界中に広大な植民地を保有する海洋帝国イギリスと日本とを重ね合わせてイメージしているのである。当時にあっては、「帝国主義」という言葉は決して否定的ではなく、むしろプラスの意味であり、日本が欧米諸国とならぶ文明の国となったことのあかしとも考えられていたのである。

日露戦争後の社会意識に関する研究では、幕末以来の対外的危機感が戦勝によって弛緩《しかん》し、個人意識が台頭してくるとする説が有力である。確かに、青年学生層を中心に国家の問題より個人の内面に沈潜する傾向などが文学哲学などさまざまな領域に顕著になってきた。しかし、この観光旅行をふくめさまざまな社会的現象からすれば、個人化は一部知識層にみられる動向であり、より広範な社会意識としては、帝国主義的膨張を喜ぶ風潮や大国にのし上がったという意識が大きな伏流となったと考えるのが妥当のように思える。

要するに、日露戦後の帝国意識が、最初の海外観光旅行を生みだす契機となった。旅行者が目指したのが、満州韓国であったのは、たまたまではない。満州韓国は、日清戦争・日露戦争の戦勝という歴史的記憶が埋め込まれた土地であり、同時に今や帝国日本の「皇威」の実現する土地、さらに今後日本の勢力が拡大進出すべき土地であった。満州韓国は、帝国民にとって過去、現在、将来を貫通する特別な物語が語られてきた土地であるからこそ、旅行すべき土地であったのである。旅行は、帝国日本の達成という物語を最前線の現地において視認する旅行と位置づけられていたのである。

あるべきものとしての帝国意識

しかし、帝国意識の台頭してきたといっても、それがはじめから確固としたものとして生成したわけではない。それは、「戦勝国の民にふさわしかるべき豪快の挙なかるべからず」という朝日新聞社社告の論法にも表れているとおり、あるべき意識として海外雄飛を説き、鼓舞しているのである。

もともと日露戦争は、当時の多くの日本人にとって、釈然としないところがある勝利であった。

戦場における日本軍は輝かしい勝利に熱狂したが、最後の講和条約問題でその勝利に見合ったものを得られなかった失望感が爆発するという後味の悪さが残ったのである。しかし、一九〇六年四月三〇日には陸軍の大凱旋式が開催され、東京市民はロシア軍を打ち破った日本軍の威容を眼前にした。また、南満州鉄道の設立が閣議決定されるなど満州経営への関心もたかまり、実現しなかったものの満州博覧会開催も話題にのぼっていた。日比谷《ひびや》焼討事件以来のもやもやした気分が消えかかり、日露戦争はやはり大勝利であったのだ、日本は満州韓国を勢力圏におさめた帝国にのしあがったのだという意識を再活性化してきたのである。そうした時期に、満州韓国巡遊船の企画が発表され、戦勝国民がもつべき豪快の気象、帝国の民にふさわしく満州韓国を実地に見るべきだとする言説によってイベントとしての旅行が造形されていった。あるべき帝国意識を掲げることによって、不確かであった戦勝国意識を作りだそうとする逆立の論法ともいえる。生成してきた帝国意識が、このような逆立したものであったことは、観光旅行に微妙な影を投げかけていくだろう。

帝国意識と見る主体

観光旅行は、いうまでもなく、見る体験である。国内の物見遊山、観光旅行は別にし、外国との関係でいえば、観光はもっぱら欧米から日本にやってくる欧米人のおこなう行為であった。幕末以来の欧米観光客の日本見聞記は、数多く残されているが、そこでの日本人は観光の対象であり、欧米観光客から異国趣味的に見られる客体であった。観光は、〈見る〉欧米観光客と〈見られる〉日本人という関係において成立していたのである。そして、欧米観光客の視線は、暗黙のうちに、あるいは自明のごとく異郷を見下し、従わせようとする権力性を内在させていたといえよう。

むろん、日本人は常に見られる存在であったわけではない。日本人も来訪する観光客を見る。そして、その風俗の異様に驚くこともある。だが、それは、たまたま欧米観光客の視線にとらえられ、見られる客体になったことの一時的な見返りにすぎない。日本人の側が、〈見る〉ことを主動したわけではない。

また、幕末の開国以来、日本人が集団で海外に旅行に出かけた例も数多い。徳川幕府は、アメリカやヨーロッパに使節団を派遣したし、明治政府になると岩倉使節団をはじめとしてさまざまな使命をもった使節団をもっと数多く送り出した。それらは、海外の政治経済産業などを実地に見ようとする旅行、日本人の側が〈見る〉旅行であった。しかし、そこでの〈見る〉行為は、自らの後進性の自覚のうえにたっている。その視線は、権力性をはじめから放棄した、従順で勤勉な学習者のそれであった。

幕末・明治初期の日本人は、欧米人から見られる存在としての自己を格別意識していなかったかもしれない。しかし、文明開化以降、自己を欧米の文明の尺度に合わせようとするようになってからは、欧米人の視線を常に意識し、欧米人から見られているという自意識をもつようになった。特に、欧米人から小さく、劣等な存在と見られている自己を意識していた。一例に、『報知新聞』一九〇六年四月一四日から連載された「観光外人の所感」という漫画を掲げた（図2）。そこでは、外人の目からは、日本の家屋、日本人の身体が小さく貧弱なものとして見えるだろうことを自虐的に描いているのである。これは、日本人の自意識の一つの表れである。

しかし、満州韓国旅行は、これまで〈見られる〉客体であった日本人が、〈見る〉主体となろうとする旅行であった。この一八〇度の転換の起点となっているのは、これまで述べてきたように日露戦争後の戦勝国意識、帝国意識であった。旅行者たちは、帝国日本の発展と一体化することによって、〈見る〉主体、観光の主体となろうとしたのである。そこに異郷の名勝旧跡を〈見る〉独特のまなざしが社会的に成立してくる。それは、帝国のまなざしといっていいかもしれない。

前述したようにアーリは、フーコーのいう医学のまなざしにならって、観光のまなざしは、「社会的に構造化され組織化されている」としている（『観光のまなざし』）。社会的制度としての医学は、「構造化され組織化されている」まなざしを通して病者を見るのだが、それと同様に観光客も、社会的に「構造化され組織化」されたまなざしを通して異郷を見るのである。満州韓国旅行が社会的に大きなブームとなったということは、日本人が社会的に構造化され組織化された観光のまなざしを持ちはじめたということである。

「どうも日本人と握手するのはなかなか骨だ、停車場などで大勢の日本人といちいち握手する時などは実にウンザリしてしまう、しかしアレで強いのだから驚く」

「日本の汽車はは馬鹿にノロイじゃないか、ドラ一つ駈けッくらをして見てやろう、ヤッショイ〳〵〳〵」

図2　観光外人の所感（『報知新聞』明治39年4月17・18日）

この観光のまなざしは、「社会によっても時代によっても多様なものである」（アーリ）。日本の観光旅行が、欧米の観光旅行と同様に帝国意識の生成を契機とするものであるとしても、日本の帝国意識は欧米とは異なるし、観光の最初の対象となった満州韓国との歴史的文化的関係も欧米とは異なっていた。満州韓国巡遊船の旅に出た日本人たちが、どのようなまなざしで異郷を見たのか、どのような観光の主体となったのかが次の問題である。

満州韓国旅行

帝国民の視線

満州韓国旅行団の形成

修学旅行の出発

七月中旬になると、朝日新聞社主催の満韓巡遊船に先んじて、修学旅行の生徒たちが続々と出発しはじめた。もっとも早いのは、東京高等師範学校（職員二一名、生徒一六八名、傭人三名、合計一九二名）と東京府立師範学校の一行で、七月一三日午前六時、新橋を勇躍出発した。彼らは大阪神戸を経て、一五日午前六時に広島県宇品に到着し、同港から直ちに琴平丸（三七〇〇トン）に乗船した。山陽線が神戸から馬関《ばかん》（現下関）まで開通し、東京から馬関までの鉄道が直通したのは、一九〇一（明治三四）年のことである。この東海道線・山陽線は、日露戦争中、兵員や物資輸送の大動脈として最大限活用されたが、それが今度は新たな勢力圏である満州韓国を勇躍見物に出かける学生生徒たちを運ぶことになったのである。東京高師等の生徒を乗せた琴平丸は、宇品出航後、翌一六日門司に寄港し、そこで鹿児島造士館の生徒を乗船させ、合計約六〇〇名という大きな団体となり、二日かかって黄海を横断し、一八日に大連《だいれん》に入港した。

その後、全国各地の学校生徒たちが続々と宇品や門司に集まり、陸軍の用意した便船に乗って、七月下旬に次々と満州旅行に出発していった。陸軍が、学生の満州修学旅行に御用船無賃の便宜を発表したのは、六月二七日であるから、約一ヵ月ほどで全国の学生が出発したことになる。きわめて短い時間で修学旅行が実行に移されたのである。これだけでも、満州韓国修学旅行ブームがいかに高揚し、各学校がこのブームに乗り遅れまいといっせいに駆けだしたことがうかがえる。

メディアが結ぶ満州韓国巡遊旅行会

ところが、火元である朝日新聞社主催の満韓巡遊船の場合は、一新聞社の企画であり、学校と違って、全国各地から応募した見も知らない多種多様な人々が、突然集まって団体をつくるというのであるから、最初は大きな話題をさらったものの、実際の準備は容易ではなかった。

これまでの伊勢参り、大山参りなどの参加者は講という集団で旅行するのが通例で、それらの講は、信仰心を核としながら主として地縁によって結びつき、日常生活での付き合いの延長線上に旅行集団が形成された。また、旅行集団が解消されても日常生活上の付き合いは続く。そこでは、血縁、地縁などを通じて旅行の作法、集団内のルール等はそれまでの慣習のなかからできあがり、暗黙のうちに、時には明示的に合意されていた。

しかし、満州韓国巡遊旅行会は、それまで互いにまったく縁もゆかりもなく、社会階層や年齢、旅行への思いがまったく異なる者が、帝国民という想像の共同体意識をもとにメディアの呼びかけによって集まり、旅行団を結成し、長期間一緒に旅行しようという前例のない集団である。

参加者たちは互いに顔も知らなかっただけではなく、一人一人も、海外旅行者になるということがどのようなことなのか分かっていたわけではなかった。勇んで応募したものの、海外旅行の経験はなく、どのような心構えや身支度が必要なのかさえかいもく見当がつかなかった。しかも、主催する朝日新聞社自体も海外観光旅行を組織した経験はまったくなく、現地の満州韓国の実情に詳しいわけでもなかった。海外団体旅行がどういうものかということについて、格別の共通理解が成立していたわけでもなかったのである。したがって、新聞社と参加者ともに、まず手探りで海外旅行者を作り、あるいは海外旅行者として自己形成し、そのうえで旅行団をつくっていかなければならなかったのである。

文明国の旅行者スタイル

『朝日新聞』は、七月上旬から下旬にかけて、連日新聞紙面で各界著名人の満州韓国巡遊船企画絶賛の記事を連載するなど前景気を煽《あお》り、さらに旅行に関するさまざまな情報、満州韓国で利用する鉄道・宿舎等の手はず、食料・携帯必需品等の情報や注意を順次掲載していった。これは、計算された宣伝戦術というより、旅行経験のない申込者から不安まじりにさまざまな質問が寄せられ、準備不足であった朝日新聞社は、少しずつ情報を収集し発表していったというのが実情のようだが、それが結果的には海外旅行者を造形していくことになった。

注意事項をみると、たとえば、服装については、「船中は和洋勝手なれども上陸の時は洋服ならざれば不便なり而《しか》して満州は道路の悪しき所なるが故に長靴又は半長靴を用意せらるゝ方宜しからん」とある。携帯品の注意はたびたび変わったが、あげているのは、肩より掛くる鞄、鉛筆、手帖、郵便はがき、半紙、歯磨粉、楊枝、小石鹸、手拭およびハンカチーフの予備、木製の湯呑、コルク抜、ナイフ、木綿糸、針、懐中蚊帳《かや》、宝丹《ほうたん》、扇子《せんす》、水筒、毛編みの腹巻、縮みシャツ（着替用）、メリヤスシャツ（夜中旅行用）、雨合羽《あまがっぱ》頭巾《ずきん》付、毛布、脚絆《きゃはん》、護謨《ゴム》裏足袋《うらたび》、枕（陸上用）、上草履（またはスリッパ）、眼鏡（普通の耳懸けが宜し砂除け眼鏡は夏季は却て不便なり）と事細かに忠告している。

こうした旅行者に対する実用的な注意は、現在の旅行ガイドブックでもよく見受ける。ただ、実用的な注意の背後に、朝日新聞社の考えるあるべき海外旅行者のスタイル、さらに満州韓国への旅行をどう見ていたのかをうかがうことができる。一般的に当時の日常着は和服であったのに、上陸時には体裁のよい洋服が望ましい。むろん、洋服のほうが活動的で便利ではあるが、文明国の服装として洋服が推奨されたのであろう。また、携帯用品としてあげられているさまざまな品は、確かに旅行の必需品ではあるが、現地の不潔さを前提として、清潔さを保つための諸道具を用意するというのである。当時の満州韓国の実情からすれば、これは、あながち朝日新聞社の勝手な思いこみというわけではなかったのであろうが、〝不潔不便、未開〟の満州韓国に対し、〝文明化〟された日本国民という対比を暗黙のうちに、しかも自明のものとして想定している。服装や振る舞いのレベルから、参加会員を文明国の旅行者スタイルに仕立てあげようとしているのである。そこには、最初の海外観光旅行で形成されようとしている満州韓国という異郷への視線が、すでに伏在している。

会員懇親会

　一方、参加者のなかからは、出発前に懇親会を開くなど、自発的に集団形成をはかろうとする動きが生まれてきた。『東京朝日』七月一〇日は、ろせった丸甲種乗船者大崎治郎太・津久井利行・三枝光太郎の三名の発起による「巡航船客懇親会」の案内書を掲載している。それによれば、「発航前各乗船者尽《ことごと》く面識を得、互に腹蔵なく其の所見を交換し候はゞ大に便利なるべし」との趣旨で会同し、懇親とともに「巡航中の諸事に関し新聞社に申し置き候方可然《しかるべき》」という意図であるという。のちに紙上に掲載された満韓旅行会員名簿によれば、発起人のうち大崎治郎太の住所は茨城県、職業は農業。三枝光太郎は台湾協会幹事で東京在住。津久井利行は、名簿になく、何か事情で最終的には参加を中止したのかもしれない。

　東京の懇親会が『大阪朝日』に報じられるや、関西の会員を刺激し、大阪、京都でも会員の懇親会が開催された。大阪では、竹内重固（謄写館主）と岡田門太郎（綿花綿糸商）の発起で、七月二四日に丙種丁種会員の懇親会が企画されたが、会員を限定する必要もなかろうというので全乗船会員の懇親会に切り替えられ、案内の期間が十分でなかったにもかかわらず、当日は近畿中国地方からも来会者があり、参加者は約八〇名にものぼった（『大阪朝日』七月二五日）。また、京都でも、七月二二日、大久保作次郎（煙草商）、芝垣徳蔵（職業不詳）の発起で懇親会が開催され、こちらも来会者約四〇名と盛会であった（『大阪朝日』七月二四日）。

出発前にこのような懇親会が開催されたのは、それまで互いにその存在すら知らなかった者がメディアの縁によって参集し、遠い外地を長期間旅行することへの不安感があったことは間違いない。だが、それと同時に、参加者がたんに朝日新聞社の宣伝文句に半信半疑で乗せられた受け身のお客ではなく、この旅行に積極的意義を見出し、帝国日本の拡大を現地で確認しようとする積極的な意欲を共有しようとしていたことを示している。旅行者たちは、帝国の能動的な旅行者であろうとしたのである。

満韓巡遊船の出発

ろせった丸横浜出航

七月二五日、ろせった丸は、いよいよ横浜港大桟橋《おおさんばし》を出発することになった。東日本各地からの参加者は、前日から横浜の旅館に宿泊した者も多く、また東京在住者などは当日指定された列車で続々横浜駅に到着した。会員の多くは、市内三ヵ所に設置された休憩所にいったん入った後、三々五々大桟橋まで練り歩き、「道行く人も夫《それ》と察して彼こそ『ろせった丸のお客』なれと語り交し」と、市中の人々の注目の的となるほどであったという。

大桟橋は、乗船客と見送り客でごったかえし、大変な賑わいとなるなか、満船色とりどりの旗で飾られ、船腹を「満韓巡航」と大書されるなど華やかに化粧したろせった丸は、午前一〇時、音楽隊の奏楽と汽笛が鳴り響くなか、ゆっくり出航した。『東京朝日』は、「船内船外の客が呼び交はす万歳の声左ながら雷の如く打ふる帽子半巾《ハンカチ》の影秋の木の葉と繁し」と美文調で、その有様を伝えている。

当日の『東京朝日』社説「送満韓巡遊船」は、「往け。我も往く。我日本が二年間の大労苦を以て打開したる新天地に」と激烈な言葉で送り出し、広告面でも丹平商会が「雄壮なるろせつた丸の首途《かどで》を祝す」というほぼ全ページの広告を掲げ、「鉄輪波濤を蹴る幾百里＝あゝ見よ漠々たる満韓の天地　吾人《ごじん》を竢《ま》つや茲《ここ》に久し。何等の快！」などという派手なコピーで景気をつけた。巡遊船は、「新天地」満州韓国に向かって大歓声に送られて、勇躍出航したのである。

ところが出港直後のろせった丸は、思いがけないハプニングにおそわれた。折しも太平洋沿岸を通過中の低気圧による大暴風に遭遇したのである。遠州灘沖合で、大しけとなり、船内の動揺のため負傷する乗客まででたため、神戸直航をあきらめ、やむなく伊勢湾の武豊に避難せざるをえないこととなった。予定外の出来事に朝日新聞社は、大騒ぎとなったようだが、大事にいたらない一時避難であり、取材の容易な沿岸のハプニングであったから、記者を武豊に急派して取材させ大きな記事にしたてるなどでかえって前人気を煽ったところさえある。安全を売り物にするパック旅行であっても、予想外の冒険が適度に仕組まれているほうが人気を博すが、遠州灘沖の大しけは、期せずして旅行への期待をふくらませる小冒険となったのである。

ろせった丸大阪出航　ろせった丸は二七日に武豊を出発し大阪に向かった。途中で船内新聞『ろせった朝日』第一号が発行された。船内で新聞を発行することは、かねてから計画で、印刷機械を持ち込むなど準備をしてあったが、暴風の経過などが絶好の材料となったのである。以後、『ろせった朝日』は航海中発行され、会員たちの人気を博した。

二八日、ろせった丸は、大阪築港に入った。大阪は、朝日新聞社の本拠であり、参加者も西日本のほうが多かっただけに、横浜出航を上まわる出迎えであった。やや長いが、『大阪朝日』の記事（七月二九日「昨日の築港」）の一部を掲げてみよう。

日頃は閑鷗の夢円かなる築港附近も、今日許《ばか》りは朝早くから電車はどれも之《これ》も満載、引切りなく人を一ぱい積んで来ては築港桟橋附近にブチあげる、船の着いた頃は何処《どこ》も彼処《かしこ》も人ばかり其《そ》の盛《さかん》な事とても筆紙に尽す事は出来ない

▲殊に船は正午着の予定で有つたので昼頃からの群集は亦《また》格別で、啻《ただ》に陸上ばかりではない桟橋両側の海面は満船飾の小蒸気、大伝馬、小伝馬でキツシリ水の面も見えぬ位、之は思ひ思ひ会員の歓送船をくり出したからで、何の事はない天神祭りを昼やつたと同じ事、其中人目を惹いたのは靭の久田とせる伝馬船、山一印に日清韓三国の国旗を交叉したる会員吉川氏の歓送船、次では巡航船を美々しく装飾せる福田氏の歓送隊、殊に諸新聞連合売捌店《うりさばきてん》は大屋形十数艘に楽隊と鐘太鼓で囃し立てつゝ本社の前から川を下り、築港に来てから右往左往

に漕ぎ廻り、囃し立てたのは非常の景気を添へた
▲朝日劇場からは新俳優の歴々株の秋月、小織、河合、福井、原田、山田などの連中数十名と勘定場手代まで総出、揃ひの記章ある人力車で、先頭に「ロセッタ丸万歳」の大旗を押したて威勢よく歓迎したのと、九条繁栄座の角藤、酒井、笠井、熊谷、桂其の他の一派の新俳優が羽織袴の威儀正しく桟橋に整列して万歳を唱へたるは当日目覚ましき出来事の一つであつた
▲尚《なお》北区天神橋筋の連中は早朝から人力車に数十輌で歓迎せられた、斯《こ》んな風で築港附近は一時は人力車で通れぬ位で築港始まつて以来恐らく之れ位人力車の集まつた事はあるまい、それに古川花火店寄贈の花火船は築港の北手に陣取つて絶間なく打ち揚げたのは一層の人気で、風の神や海の神もさぞかし驚かれたらう、何は兎《と》もあれ斯《かく》ばかり愉快壮快な賑ひは例少き事であつた

この記者も大阪随一の祭りである天神祭りになぞらえているが、芝居小屋の俳優たちまで出迎えるまさにお祭り騒ぎの歓迎ぶりであったのである。

二九日の出航も大変な騒ぎとなった。大阪朝日新聞社は、築港行電車往復乗車賃半減の満韓巡遊ろせった丸見送券、ろせった丸発航観覧大阪巡航船割引券を発行し、人気を煽った。大桟橋は、朝から見送りの人で埋まり、港内は、大阪市の二人の助役がわざわざ見送りのため乗船した築港

事務所の汽船、朝日新聞社の社旗を満載した築港事務所の汽船、商船会社の汽船で埋まったとある。そのなかをろせった丸は、万歳万歳の声をあげる乗船客を乗せて出発したのである。

『大阪朝日』は、七月二八日に「満韓巡遊船を送る」と題する社説を掲げ、「到る処に新戦跡を弔し、古名勝を訪ひ、商業地理を足踏目睹し、殊に皇軍の忠勇壮烈を想起して、今後平和の戦争に於ける発憤に意を致し、帰りて而《しか》して其の聞見を父老子弟と隣里郷党とに分たば、風を聞きて而して起る者亦当《またまさ》に尠《すくな》からざるべく、其の結果の種々なる満韓事業を実現し来らんには、此の行徒爾《のみ》に非ず、戦捷の効を収むるに於て、亦庶幾《しょき》すべし、是れ吾人の望なり、諸君の責なり」と旅行者を激励した。この旅行は「皇軍の忠勇壮烈」の「戦跡」や古名勝を訪れ、さらに新たな進出の地である満州韓国を実地踏査し、「戦捷の効を収むる」即ち戦勝を実質的なものにしていく旅行として意義づけられていたのである。

呉工廠、若松製鉄所見学

瀬戸内海を通ったろせった丸は、三〇日、呉港に入り、さらに同日夕刻門司に着いた。呉と門司に寄港したのは、そこから乗船する会員を迎えるためであったが、それだけでなく呉の海軍工廠《こうしょう》と若松の製鉄所を見学するという目的があった。海軍工廠や製鉄所は、通常は一般公開していない施設であり、特に満韓巡遊船会員のために見学を許したのである。まさに官民あげての特別待遇である。

旅行の途中に珍しい場所があれば、寄り道するのは観光旅行の常套で、海軍工廠や製鉄所の見学は、その例にもれないといえる。だが、この旅行の場合、満州韓国を見る前に、日露戦争戦勝の原動力となった日本の工業力・軍事力を現場で見学するという事前学習を設定したともいえる。まさに帝国日本の拡大を見る旅行にふさわしい序幕であった。

会員の行動は軍隊組織　ろせった丸が出航し、全会員がそろったところで、朝日新聞社は、旅行団を組織し運営する体制をつくろうとした。『大阪朝日』八月七日によれば、会員相互の意思疎通をはかり、さまざまな事態を処理するため委員を選出して運営することとなった、とある。委員は、朝日新聞社の依頼により随行していた斎藤中佐、正木少佐の二人を特別委員とし、会員の甲部から八名、乙部から四名、丙部から七名、丁の前部から六名、丁の後部から六名、また朝日新聞社から二名の委員を出されることになった。委員総会では、斎藤中佐が議長となり、次の事項を議決した。

一、会員の指名点呼は船長の職権に一任する事
一、会員の行動は軍隊組織として組を編成する事
一、各方面よりの寄贈品は社員と共に処分方法を講ずる事、又定員に充たざる寄贈品は委員に於て抽選する事
一、委員徽章は、甲は赤色三角結びリボン、乙は桃色、丙は青色、丁は藍色のリボンを胸に附する事

委員会によって運営するというのは、自治的な運営であり、各部の選出委員数も完全に平等ではないが、ある程度バランスはとれている。主催者である朝日新聞社は前面に出すぎず、ある程度会員の自主性に任せるという形式をとっていることもうかがえる。

しかし、実際上、会員は、特別委員に任命された二人の海軍軍人のもとで、軍隊式に行動することになっていた。随行した斎藤中佐、正木少佐の二人は、当時海軍大学教官で、日露戦争中は旅順港閉塞隊として軍功があった人物として紹介されているから、旅行団のなかでは満州韓国に最も経験を有していたのであろう。

結局のところ、最初の海外団体観光旅行団の組織モデルとなったのは、軍隊であった。特別委員である軍人は、親切な旅行ガイドであると同時に、指揮官といった役割を事実上果たしたのである。たとえば、ろせった丸が呉に入港した際の会員の行動を『大阪朝日』（八月二日）は、次のように描いている。「会員武装して甲板上に集まりぬ」。「いづれも海国男子の精鋭なれば、勇気船に充ちて、勢ひ当る可からず。直に臨時編成の八箇連隊は組織せられぬ。即ち斎藤中佐、正木少佐を総指揮官に仰ぎ、我等社員八名は、之が連隊長として、旭日を描き出したる連隊旗を持して、之を導く」。今でも、パック旅行の先頭に旅行会社の旗を掲げた添乗員をよく見かけるが、あれは最初の海外旅行の連隊旗に起源があることになるだろうか。

むろん、「会員武装」というのは喩《たと》えで、実際には正装したということであろう。だが、引率者の軍人は「総指揮官」、朝日新聞社員は連隊長、会員は八箇連隊の兵士、朝日新聞社旗は連隊旗になぞらえられているのは、たんに文章表現として軍隊用語が借用されたというだけではない。満州韓国巡遊旅行会は、あたかも軍隊であるかのように規律され、会員たちもそうした意気込みで満州韓国に出かけたのである。

軍隊的な組織で海外旅行に出かけたのは、朝日新聞社主催の旅行団だけではない。修学旅行の生徒たちも、軍隊の部隊風に編成されていた。東京高等師範学校の生徒たちは、全体を二団編成とし、それぞれの団は六組から成り、組長の指揮のもとに行動することになっていた（『遼東修学旅行記』）。山本伸良、今野敏彦の研究によれば、修学旅行は、明治三〇年代に広範に普及し、形態も定型化したようだが、その特色の一つは「行軍的色彩が強かった」ことであるとされる（同『近代教育の天皇制イデオロギー』二二〇ページ）。山本らは、修学旅行の生徒組織については、言及していないが、行軍的な修学旅行において、生徒たちが軍隊的に編成され、規律されていたことは推測に難くない。修学旅行に限らず、もともと、学校における日常生活の集団行動は、制服・髪型から整理整頓・時間厳守などの諸規則にいたるまで、軍隊がモデルとなっていた。修学旅行も、その延長線上にあった。いや、明治維新以来、日本の近代化において、社会秩序の最有力のモデルは、軍隊であり（成沢光『現代日本の社会秩序』）、学校はその典型であったといえる。

しかし、こうした集団形成の社会学だけで軍隊的規律の団体旅行が生まれたのではないだろう。

前章で述べたごとく主催者・参加者ともに満州韓国旅行を成立させる跳躍台となっているのは、日露戦争後の帝国意識であった。日本帝国の拡大を現地で視認し、現地で戦勝を追体験することが主催者のうたい文句であり、また旅行参加者たちの動機の一つであったのである。旅行団は、戦時に活躍した軍隊に後続する、帝国日本拡大の先兵という意気込みであった。帝国日本の「新天地」満州韓国を視察するという旅行の基本的枠づけが、団体旅行の軍隊意識をいっそう昂進したのである。

このように規律化された団体旅行のあり方が、旅行者たちの視線や体験をある程度方向づけることも予想されるところである。参加者たちは、思い思いの方向に目を向け、それぞれ独自の旅行を体験するというより、集団行動のなかで異郷への視線は方向づけられ、体験は規格化同質化されることになるだろう。

旅行者たちは何を見たのか

満韓旅行記事

八月一日、ろせった丸は、韓国の釜山に着き、いよいよ巡遊船会員の満州韓国旅行が始まった。彼ら旅行者たちは、満州韓国で何を見たのか、何を体験したのであろうか。それを直接的に知ることは資料的に難しい。旅行者たち自身の記録は、ほとんど残っていないからである。先にも述べたように、出発前から巡遊船会員に多数の絵はがきや便箋などが寄贈されており、彼らがそれらを利用して故郷に自らの見聞を書き送ったであろうことは、容易に想像できる。一般的に日露戦争中から戦後にかけて、絵葉書が大流行したことはよく知られている。だが、残念ながら、今回旅行者たちの見聞を明らかにできるほど葉書や手紙を見つけることはできなかった。

ただ、満韓巡遊船は、朝日新聞社の主催事業であるので、同行した記者たちは旅行の見聞をいろいろな記事にしており、それら記事によって満州韓国旅行の有様を詳しく知ることはできる。むろん、記者たちは、純然たる観光旅行者としてではなく、報道記者として旅行に同行したのであって、彼らの視線は会員たちのそれとまったく同質ということはあり得ない。また、彼らの記事は、彼ら自身の旅行記であると同時に、旅行団の有様を読者に伝えることが重要な目的であった。このため、記者たちの体験をもとにした感想も書かれてはいるが、主催者である朝日新聞社のタテマエ的な見解が語られているところも多い。しかし、記事に記録された記者たちの体験、彼らが観察した旅行者たちの旅行ぶりは、旅行者たちが満州韓国で何を見たのか、何を体験したのかを推察するうえで、貴重な資料である。それら朝日新聞社記者の記事や会員として参加した『九州日日新聞』記者小早川秀雄が同紙に連載した「満韓巡遊録」などを材料に旅行者たちが何を見たのかを考えていきたい。

また、満韓巡遊船と同時にブームとなった修学旅行に参加した教師・生徒たちが現地で何をどのように見たのかも大変興味深い。この時の修学旅行の記録の例としては、東京高等師範学校による『遼東修学旅行記』がある。これは、非常に詳細で綿密な記録で、修学旅行の動向を知るうえで本書でも参照してきた。特に満州の自然・風土を科学的に観察し記録しようとする態度は、この時期の日本人の満州に対する視線の一つとして非常に重要である。これ以外にも、『読売新聞』に連載された堀江月明「学生隊満韓行」、指月生「満韓廻り」、『日出新聞』連載の「満韓見聞録」などの修学旅行記録がある。しかし、メディア・イベントとしての観光旅行を取り扱おうとする本書では、残念ながら割愛することとする。

紙上に発表された同行の朝日新聞社員は、合計一三名であるが、そのうち一名が絵師、一名が写真師、一名が医者である。他の社員の職務は明記されていないが、東西の『朝日新聞』に満韓巡遊船の署名入りの記事を掲載したのは、杉村廣太郎（楚人冠）、池田末雄（蘇庵）、木崎愛吉（好尚）の三名だけで、これ以外の辰井梅吉以下の社員は、旅行団の運営を任務として同行したのであろう。

杉村廣太郎、池田末雄、木崎愛吉の三名が送った記事は、『大阪朝日』『東京朝日』に連日掲載された。彼らのなかで報道の明確な分担があったわけではなく、適度に交替しながら記事を送ったようだが、結果としては各自の個性によって文体等に若干の違いはあるが、基本的な報道姿勢に大きな差異はない。したがって、ここでは、個々の記者の相違よりも、記者たちの旅行記を全体的にみて、旅行会の体験を考えてみたい。

旅行者の見た満州韓国の風物

満韓巡遊船旅行会の旅行はさまざまな角度から考えることができるだろうが、ここでは二つのポイントにしぼることにしたい。それは、第一に旅行者たちが、満州韓国のどのような事物・風景をどのように見たのか。第二に満州韓国の人々とどのように接したのかという二つの問題である。

まず第一の問題についていえば、旅行団は、釜山、仁川、京城、平壌、大連、遼陽、奉天と次々に韓国から満州の主要都市を訪れていった。旅行者が各地で見たものすべてを網羅するわけにはいかないが、記事による限り、訪問地での行動はパターン化されている。たとえば、平壌での様子を、木崎好尚の「雄大なる平壌」という記事（『大阪朝日』八月一四日）によってみれば、平壌に到着し、いくつかの宿屋に分宿した一行は、翌朝平壌城牡丹台に集合の予定で、木崎たちも集合地を目指した。

> 朱雀門《すざくもん》を入りて、朝市の雑踏に驚きつゝ、人中を押分け押分け、東北城方面へと心ざし、観察衙門、日語学校の前を、大同江畔の高原に出で、万寿台に日清戦争の哀悼碑を、日露戦争病死者の墓を弔し、江流に臨める古刹永明禅寺を訪ひ、すぐ頭の上の乙密台に攀登《よじのぼ》れば、早や打集《うちつど》ひし会員の面面、安満少佐の平壌攻撃講話の予定を今や遅しと待構へて居る。少焉《しょうえん》あつて安満少佐、台上の一角に立現れ、強き声音、厳《いか》めしき態度。諸君のお出でに際し、一言平壌総攻撃のお話しを致します、の前置に聴衆、水を打たる如し。

旅行会会員は、陸軍少佐が現地の各地点を指さしながら、日清戦争当時の日本軍の平壌攻撃を講話したのに大感激、「拍手喝采鳴り止まず」とある。講話後、会員たちは、「元山街道に臨める七星門は、日露戦争序幕の騎兵の衝突にて名高い処」というので登ってみたところ、半死の病人が収容されていたのであわてて降りた。

ついで、箕子《きし》の陵を観覧、これは「殷《いん》の太師、大韓皇室の祖霊として、崇敬するを禁じ得ないのであつた」と感想をもらしている。ただ、観覧はそこそこに陵の下の一角に、地元の民役所などが準備してくれていた歓迎接待の席にのぞみ、民役所の歓迎の辞、社員の万歳答謝といった行事があった。あとは、会員一同「元と来し道を大同門下一帯の繁昌に連れて、会員銘々入らぬ買物に手荷物を重くしつゝ、船に還つたのは午前十一時」。

こうした観光見物が、満韓旅行会の典型的なものであった。戦跡見物と陸軍軍人などの現地講話、日本人会等の歓迎会、それらがすんだのちは会員の自由散歩といったパターンである。

平壌では主として日清戦争の戦跡見物であったが、奉天、遼陽、大連、旅順といった満州では戦塵おさまってまもない日露戦争の戦跡の見物である。旅行者たちの行動パターンは、韓国でも満州でも大きな違いはなかった。たとえば、遼陽では、前日夜に楽隊の演奏と万歳の声に送られて奉天駅を発った旅行会は、夜半に遼陽に到着。「午前五時総員起床、喫飯を了《おわ》りて後、一半は土工車により、一半は徒歩して灰山に至る。灰山は城内の小丘、此処《ここ》に居留民の我が一行を歓迎せらるゝあり。一行の到着するを待て歩兵第六十二連隊附金子大尉の遼陽戦に関する講話始まる（以下略）」（楚人冠「遼陽の半日」『大阪朝日』八月二五日）とある。

満州韓国の史跡

旅行者たちが歴訪したのは、現在でも知られている満州韓国の主要都市であり、史跡である。決して異例の場所を見物したわけではない。しかし、それらの場所を見る視線が問題である。平壌の城跡は、それらの景色の美しさの故だけに、眺められたのではない。また、平壌の城趾や史跡を、韓国・朝鮮の歴史における意味を考えながら見ようとしたのではない。旅行者たちは、あくまで、日清戦争、日露戦争における日本軍の輝かしい勝利という物語によって見ているのである。歴訪した地が、史跡であり名勝であるのは、それらの地が帝国日本の拡大にとって記憶し記念すべき土地であるからである。中国、韓国の歴史にとっての史跡ではなく、帝国日本の歴史にとっての史跡なのである。

むろん、先に引用した木崎好尚の文章にある箕子陵見物のように、韓国の歴史上の史跡も訪れ、敬意ははらっている。しかし、それは、副次的見物、あるいはちょっとしたわき見といった域でないのである。旅行者たちの関心は日本軍の戦跡にあり、もっぱら自らの歴史を参照した意味によって満州韓国の各地を見ていた。したがって、現地の人々にとって重要な歴史的意味を持つ場所は、日本人旅行者からはまったく別の視点から眺められることになり、また現地の人にとって特別の意味をもたない小さな高地が、日本人旅行者のもつ物語においては日本軍激戦の二百《にひやく》三高地《さんこうち》として感涙をもって見る聖地となったのである。

日本人旅行者は、自らが訪れる満州韓国の地名について、あらかじめ一定の知識をもっていたことが多かった。それを知ったのは、日清戦争と日露戦争での新聞雑誌の報道によってである。前章で触れたように戦況記事や号外で満州韓国の地名は繰りかえし繰りかえし登場していた。しかも、そこでおこなわれた戦闘の行方に一喜一憂していただけに、その地名に特別の思い入れを抱いていたことも多かったはずである。また、活字で地名を知っただけではない。日露戦争においては、写真や活動写真でそれら戦場の風景を見て、外地での戦闘に大きな想像力を働かせることも多かった。

メディアの報道によって記憶し想像した土地、その場に立つだけでも、帝国日本の戦勝をあらためて感じただろうが、さらにその場で同行した海軍軍人や現地駐屯の陸軍軍人が、地形を指さしながら、激戦の有様を語ったのであるから、旅行者たちは、あらかじめもっていた帝国日本の拡大のイメージを現地で実感し、再確認することになったのである。労苦・苦痛に語源を持つtravelにとって代わる「観光tourism とは、良く知っているものの発見だ」とすれば、満州韓国巡遊船の旅行は、「良く知っている」ことを発見する典型的な観光の実現であった。

〝不潔未開の地〟

そして、日本軍戦勝の地という意味をはずしてみれば、満州韓国は〝遅れた未開の地、不潔な地〟とみなされていた。大連からの旅程では、陸軍の取り計らいで旅行団は約三〇輛の貨車を連結した特別巡覧列車を利用した。貨車を利用した不便な鉄道旅行は、旅行記事に戦争中の兵士の移動もどきの体験として面白く描かれているが、いわば未開の土地を文明国民が不便な思いをして旅する冒険談なのである。それは、たとえば、貨車のなかの食事にカツレツがでたエピソードを「満州の平野、馬賊の横行する真中で西洋料理などは随分洒落《しゃれ》たものだ」（楚人冠「我が列車」『大阪朝日』八月二〇日）といった描写に端的にうかがえる。

また、旅行記事が、現地での実感として強調するのは〝満州韓国の不潔さ、猥雑さ〟である。「奉天は清国発祥の地であると共に、また発不祥の地である、不潔の源である」（木崎好尚「撫順と奉天」『大阪朝日』八月二一日）と、奉天の街の「不潔」さが描写された。同時に、その「不潔」は、遅れた清国の腐敗堕落を暗喩している。先にも述べたように、満州韓国が「未開で不潔」というのは、旅行出発前から旅行者たちがもっていた先入観であったから、このような満州韓国は新しい発見ではなく、これもすでに「良く知っているものの発見」であった。

現地の人々との接触

満州韓国の風物をどう見たのかとならんで、満州韓国旅行会のまなざしを考える、もう一つのポイントは旅行者たちが満州韓国の現地の人々とどのように接したかである。ところが、旅行記事では、旅行者たちが現地の人々と接した場面はきわめて少ない。先にも述べたように、宿泊地等に到着すると、現地在住の日本人が歓迎に出迎え、彼らの案内で史跡などを見て歩くのが巡遊船一行の典型的な行動パターンであった。したがって、満州や韓国の人々と接するのは、史跡や日本人経営の宿舎などに赴く途中にちょっとした買い物をしたり、ひやかしに食事をしたりすることぐらいであった。

満州韓国巡遊船旅行団は、付き添いの軍人や朝日新聞社員、あるいは日本人会等によって現地の人々からは隔離され、格別の交渉はもたなかったのである。こうした現象は、現在のパック旅行でも起きることである。ブーアスティンは、「今日の旅行代理店の機能の一つは、このような出会いをさまたげることである。彼らは、旅行している土地から観光客を隔離するために、絶えず新しい能率的な方法を考案している」「よく準備された旅行では、観光客は目的地に着いてもそこに住んでいる人と交渉する必要はまったくない。観光旅行から帰った人たちが、チップのことでいかに悩まされたかについての話で持ち切りなのは、チップをやることだけが、彼らと現地の人々との間で生じたほとんど唯一の接触だからである」（『幻影の時代』）と述べているが、満韓旅行会という最初の観光旅行も、現地の人々から隔離され、しかもチップをはらう必要さえなかったのである。

隔離された旅行者たちが、買い物や食事以外に現地の人々を見るのは、街路ですれ違うか、列車の車窓から眺めるかであった。たとえば、京義鉄道の旅行では、「嶺美駅。大福餅（六つで四銭）海苔巻（十銭）弁当（二十五銭）などを売って居る。この辺り、稲田が広く青く美しく、その中に白衣の朝鮮人が立つて居るのを、遠くから見ると、恰《あたか》も鶴か鷺かが居るのかと思はれる。中には本当の白鷺が居る事もあれば、鶴の居ないとも限らぬ」（池田蘇庵「別働隊（一）」『大阪朝日』八月二三日）。現地の人々は、物売りか田園風景の一部として眺められているのである。朝鮮の農夫は、白鷺と取りかえることができる風景画の一こまにすぎないのである。

ここにあるのは、現地の人々に対するまったくの無関心である。いうまでもなく、韓国・朝鮮の文化、中国の文化と日本の文化とは、古来から密接なつながりをもってきた。先に引用した池田蘇庵が眺めた広く青く美しい稲田の風景は、日本のそれと言ってもいいくらいだったかもしれない。しかし、池田をはじめ旅行者たちは、そのことを特に意識した様子はなく、感想も記していない。彼らは、満州韓国の風景やそこに暮らす人々を自己の世界とはまったく別の世界に属する者として外側から眺めているのである。

そこにあるのは、未開の世界、異質の世界を見る文明国の視線である。旅行者たちは、満州韓国の人々を話し合う対象とは見なしていなかった。現地の人々から隔離され、別世界から眺めていることに自足していたともいえる。

見られる自己

しかし、旅行者たちは、反面では現地の人々から見られる自己を強く意識してもいたのである。たとえば、主催者である朝日新聞社や関係者などは、旅行者たちが現地の人々から常に見られていることを意識して行動するように注意していた。『大阪朝日新聞』社説「満韓巡遊船を送る」（七月二八日）は、旅行会出発に際し、「未開の民は疑忌心に富むを以て、清韓人民の此の行を聞くや、亦如何《またいか》に感ずらんかを知らず」、しかし、「既に紳士を以て自ら居る一行の清韓人民に対するや、言貌行動、並に礼儀を以てすべきは勿論なるが故に、彼等も亦渙然釈然として之を迎接すべく」と、「未開の民」である「清韓人民」に対し、文明国の「紳士」として「礼儀」をもった「言貌行動」をとるように呼びかけていた。

また、各界名士が朝日新聞社に寄せた満韓巡遊船企画称賛文にも同様の趣旨が説かれていた。関東都督参謀西川中佐の談では、いくら日本が戦勝国だからといって満州は日本のものとなったわけではないから、清国人の感情を損ねることのないようにと注意しながら、「軍隊も強ければ真正の日本国民も恁麼《どんな》ものだと云ふことを示して、充分土民を敬服さして貰ひたい」（『東京朝日』七月二三日）と戦勝国民として「土民」たちを敬服させる言動をとるように注意を促していた。

ここでは、見られる自己を強く意識している。この自意識過剰は、満州韓国の人々を風景の一部であるかのように眺める意識と正反対のようにみえる。だが、実は、それは表裏の関係にあるのである。現地の人々を自然風景の一部であるかのように眺めるのは、明らかに「未開の民」「土民」に対する戦勝国民の優越意識にもとづいている。しかし、その優越意識は、実は確固としたものとして身についていたわけではなかった。日清戦争、さらに前年に終わったばかりの日露戦争の勝利によって、ようやく生まれてきた幼弱な意識なのである。当人たちが、優越意識をもつべきだ、もつのが当然だと考えるようになった、いわば背伸びした意識であった。それは、前述のように満韓巡遊船の募集記事で、「帝国民」のあるべき姿として海外雄飛が説かれたということと照応しているのである。

優越意識が十分な確信となっていないために、優越意識をもつ自己を強く意識せざるをえないのである。そこでは見られる自己を強く意識し、他者に対して自己の優越を誇示する体面をたもつことによって、ようやく優越意識が保持されるともいえよう。さらに、こうした自分の体面を強く意識するあり方は、他者の視線を意識しているようにみえるが、実は他者の視線を本当に意識しているわけではない。なぜなら、自分たちを文明国民と見ていると勝手に満州韓国人の視線を想像し、それへの体面を考えているにすぎないからである。想像上の他者の視線を意識しているだけであって、実際の視線を感じているのではない。むしろ、実際の満州韓国の人々の視線に対しては鈍感さのうえに成立した意識である。その点で、こうした自意識過剰は、満州韓国の人々を風景の一部としてしか見ない意識と表裏の関係にあった。

遠近法のなかの満州韓国

八月二三日、ろせった丸は、無事に神戸港に帰着した。その模様を『大阪朝日新聞』（八月二四日）は次のように伝えている。

ろせった丸帰港

満船飾華やかに吾社旗と同じく東天の旭光は穏波を照して船は安全の錨地に進み来る此の時、古戦場の旧湊川尻より祝砲に代へたる数十発の煙花は打ち揚げられぬ、（中略）幾隻の汽艇遊泳せる魚の如く自在に海波を馳せつゝ本船に漕つき又一汽艇の義勇音楽隊を載せたるは絶えず歓迎の楽を吹奏し是等の数艇を首《はじ》め神戸市内の吾等新聞売捌所員数百名は歓迎の旗押し立て大形のカッターに打ち乗り満船飾せる一汽艇に曳かれつゝ幾度か本船を周航して万歳を歓呼するなど波に響きて冴えかへり此の他吾社の旭旗を立てたる艀船の往来織るが如くして

（以下略）

出航にまさるとも劣らない大歓迎ぶりで、日露戦争凱旋艦隊の歓迎を思い起こさせるほどで、実際、朝日新聞社が、ろせった丸の帰港を凱旋艦隊の帰還になぞらえていたことは記事からも推測できる。

会員の一部は、そのまま川崎造船所の見学に赴き、同造船所が日露戦争で活躍した多くの艦船の製造にあたった説明を聞き、その設備と造船の実況を視察した。最後の最後まで盛り沢山の行事であるが、日露戦争戦勝の国力発展を学習するという旅行の狙いが貫かれてもいたのである。その後、日本郵船神戸支社の一室をかり、朝日新聞社主催の盛大な歓迎式が開かれ、旅行会は解散となった。ろせった丸は、残りの乗客を乗せ、二五日横浜に帰港し、最終的に満韓巡遊旅行は終了した。

このようにして満州韓国巡遊船の旅行は、最初の海外団体観光旅行として、主催した朝日新聞社自体がさまざまな点で不馴れであったにもかかわらず、ほぼ予定通り進行し、大きな事故もなく無事に終了した。旅行中も旅行後も参加した会員から大きな不満が出た様子はなかった。

これは、朝日新聞社のメディア・イベントとしても大きな成功を意味した。企画発表以来、大きな反響を引き起こしてきたが、それが円滑に実行できたことは、朝日新聞社の声望を高めたことは間違いない。この成功は、他新聞社にも刺激をあたえ、八月には朝鮮日日新聞社が満韓漫遊旅行を計画し、読売新聞社がその受付窓口となるという類似の企画が発表されている。また、同じく八月に、報知新聞社は、ろせった丸を用船とした「巡航博覧会」の計画を発表している。これも、ろせった丸の知名度を利用した企画である。

帰港当日の八月二三日『大阪朝日新聞』は、「満韓巡遊船を迎ふ」と題する社説を掲載し、この旅行の成功を讃えた。「新古戦場に於ける陸海武官の講話は、能《よ》く感興を耳目以外に生ぜしめて、気を鼓し胆を張らしむる者ありつらん、中には其子弟戦死の遺跡に臨みて哀悼に堪へざりし会員もありつらん、韓京の廃宮に遊びては、能く韓国の今日ある所以《ゆえん》と、日韓関係の偶然ならざる所以とを会せしや如何《いかん》、大連より遼陽奉天の各都市を過ぎては、能く戦後の国民の大発展を試むべき農商工業上の新発見ありしや如何ん、其の余歴史文学の上より獲たる利益又当《まさ》に尠《すくな》からざるべし」。

「満韓巡遊船を迎ふ」

ここには、これまで述べてきた満韓巡遊船旅行の意味が、朝日新聞社の立場から簡潔に語られている。満州韓国旅行は、何よりも「新古戦場」、すなわち日清戦争、日露戦争の戦跡を実際に見ることであった。しかも、現地で軍人の講話を聞き、それまで新聞雑誌ときには映画などで知っていた戦争を追体験する旅行であった。また、かつての韓国の栄華を示す宮殿が廃宮となっている状況を実見したことは、韓国衰微の必然性とそれを植民地化しようとしている文明の帝国日本の立場の正当性を改めて納得する体験であったはずだ。さらに満州は、これからの日本が発展進出する土地として、実利の可能性を探れたであろうというのである。満州韓国の「歴史文学」

の実見もあげられているが、主目的に加えての余計の利益にとどまっている。

この社説は、先に引用した七月の満韓巡遊船大阪出航に際しての社説「満韓巡遊船を送る」と照応している。掲げられている旅行の意義は、ほとんど同じである。この旅行は、この点でも当初の目的にそって予定通りであったということである。むしろ、旅行が終わった段階の八月社説では、韓国満州を実地に見て、日本の韓国保護国化、満州進出の正当性を実感できた意義をより積極的に語っている。朝日新聞社自身が、帝国日本の膨張を学習する旅行という意義への自覚を実際の旅行を通じていっそう深めたのであろう。

会員たちの満足

会員たちもはじめての海外旅行であったにもかかわらず、旅行記事からは会員がそれぞれ旅を楽しんでいる様子がうかがえ、小さな失敗談はあるにしても、個々人の自分勝手な行為から旅行に混乱が生じたり、会員間でいさかいが生じたということも伝えられていない。全国各地から互いに未知の多種多様な人々が集まった団体であり、しかも海外団体旅行のルールの共通理解もほとんどなかったにもかかわらず、集団から大きく逸脱した行動がなかったということは、会員たちの協調性が高く、意識が均質化していたということである。

会員の一部が事前に懇親会を開催するなど、出発前から相当積極的であったことはすでに述べたが、旅行中も戦勝国民にふさわしい行為をとろうとする自己規律が働いていたと考えられる。

しかも、事前にもっていた満州韓国を見る枠組みが、旅行の実体験によって動揺することはなく、むしろ会員の戦勝国民意識はより結晶化され、旅行が戦勝国民を作っていった。その点でも、旅行者たちは満足していたのであろう。参加会員たちは、二年後の一九〇八年二月九日に当時は海上ホテルとなっていたろせった丸に集まり懇親会を催している（『東京朝日』一九〇八年二月一〇日）。五三名もの元会員が集まったというから、満韓旅行が参加者にとって非常に強い体験であり続けたことがうかがえる。

遠近法的視線

この旅行において、帝国日本の観光のまなざしが成立した。そのまなざしのありようについては、これまで述べてきたが、少しまとめておけば、旅行者たちが「帝国民」として満州韓国という他郷や他者を見る視線は、遠近法的視線であった。彼らの関心のほとんどは近景に向けられたが、近景にあるのは日清戦争・日露戦争の戦跡である。満州韓国の風物を、自らの枠組み、すなわち日清戦争・日露戦争の激戦地・戦勝地という枠組みでのみ見ていたのである。このような枠組みからすれば、街路を往来する現地の人々、田園の風景などは、遠い遠景であるにすぎない。それらを実際には眼前にしているにしても、自分たちの世界と遠く隔たった世界としてしか見ないのである。

遠近法の視線を作っているのは、日清戦争・日露戦争勝利にもとづく優越感である。しかも、両度の戦勝は、たんに軍事力による戦争の勝利というだけではなく、自らが西洋と同じ文明国となった証しと感じられていたのである。そして、自らの文明国化をその最前線で実見しようとするまなざしにあっては、満州韓国の風物と自らとの差異は、文明―未開という軸に置き換えられる。満州韓国の風物は遅れた未開であり、近景を引き立たせる遠い背景として眺められるだけである。あるいは、満州韓国を自己とは異質な未開として遠くに押しやることによって、自らはまなざす主体としてより明確に立つことが可能となり、自らの達成を自足的に眺められたともいえる。

しかし、ここに成立した帝国の視線は、西洋の帝国の視線とは異なるところがあった。木畑洋一は、帝国意識の構成要素として「民族・人種差別意識」と「大国主義的ナショナリズム」をあげ、「民族的優越感と大国主義的ナショナリズムが結びついたところで、『帝国意識』は『文明化の使命』感を育んでいくことになる。優越した位置にある自分たちが、大国イギリスの庇護のもとにある植民地や勢力圏の人々に、文明の恩恵を与えていき、彼らを文明の高みに、あるいはそれに近いところまで引き上げる営みを行っているのだ、という感覚」を育てると述べている（同「イギリス帝国主義と帝国意識」、北川勝彦・平田雅博『帝国意識の解剖学』世界思想社、一九九九年）。これをイギリス帝国主義における帝国意識とすれば、日本の帝国意識、しかも満韓旅行に表れた帝国意識には「文明化の使命」感はほとんど見受けられない。自らを文明、満州韓国を未開と位置づけてはいるが、未開を自分たちが文明化していく対象とは見ていないのである。欧米が、自明のものとして身につけていた揺るぎない自らの政治的文化的優越感は、日本人にとっては、自明のものではなく、所与のものでもなかったのである。

また、「文明化の使命」感とともに、帝国の視線がもつのは、未開の奇妙な風俗・事跡に対する好奇心である。こうした好奇心は、未開の文物を観察し分類する科学の発端となることもあるが、未開に対する帝国の視線の一つである。しかし、満州韓国に対する視線には、このような好奇心も乏しいのである。旅行中、名勝なども訪れてはいるが、それに対して格別の好奇心をもって接した様子はない。

満州韓国の文物を未開として劣等視し、自らの勢力の及ぶ対象と見なしながら、「文明化」の対象として見ることはなく、またその風俗・事跡に対して好奇心を持つこともない。その視線は、対象を見ているのだが、ある意味では、無関心に近いのである。結局、他郷、他者を見ながら、そこに自分自身を自己満足的に見ているのである。海外にまで出かけながら、外部を見ているのではなく、自分の鏡像を見ているだけなのである。

それは、他者と出会うことはない旅行であり、予想外のものと接して自らの枠組みを揺さぶられることのない旅行であった。それゆえに、旅行者たちは自己満足し、旅行は大過なく進行したといえる。

しかし、旅行者たちは、他者の視線からまったく自由であったわけではない。先に述べたように、旅行者たちは自分たちが現地の人々からどう見られるかを気にしていた。現地の人々が、自分たちを文明国民として見てくれることを期待し、旅行中文明国民としての体面を保つことを心がけるべきだとしていたのである。帝国民・文明国民として見る主体となったのだが、同時に帝国民・文明国民と見られる自分を強く意識していた。

それは旅行者たちが、帝国民・文明国民として十分な確信をまだ持ち得ていなかったためである。自分たちは、帝国民・文明国民として未開民に接するべきだ、そうすることによって帝国民・文明国民となろうとしたのである。

自分たちが劣等視している未開民の視線によって文明国民となるというのは、奇妙な倒錯である。しかも、満州韓国の人々が、文明国民、未開国民という価値序列で、自他を見ていると期待するのは勝手な思いこみに過ぎない。結局、それは、満州韓国の人々の実際の視線を意識しているのではない。日本人の側が勝手な満州韓国の人々の視線を想定し、その視線のなかで文明国民としての演技をしているともいえよう。一種の自意識過剰であるが、それが、この時期の日本人の帝国の視線であったのである。

日本初の世界一周旅行

世界一周旅行会の大企画

満州韓国巡遊旅行から二年後の一九〇八（明治四一）年一月一日元旦、東京・大阪の『朝日新聞』は、「空前の壮挙　無比の快遊　朝日主催世界一周会」と題する社告を大々的に発表した。

空前の大イベント

昨年の正月我社は世界第一の新聞紙たる倫敦《ロンドン》タイムスと電報送受の約成ることを発表したり、今年正月又その道に於ては世界第一の称ある倫敦某社と特約して此《ここ》に朝日主催世界一周会の壮挙を発表し以《もっ》て聊《いささ》か我が読者平生の眷顧《けんこ》に酬《むく》ゆる所あらんとす、

世界一周会とは前年のロセッタ丸満韓巡遊の計画を拡大したるものにして我社が精確なる調査の結果最短の時日と最少の費用とを以て最快最捷の道に依つて欧米の各都市を巡覧すべき便利を供せんとする者なり

朝日新聞社が世界一周旅行を主催するというのである。これは、社告でも言っているとおり前々年の満韓巡遊旅行が大きな社会的反響を呼び起こし、メディア・イベントとして大成功をおさめた勢いに乗った、海外団体旅行企画の第二弾である。しかも、世界一周というのであるから満韓巡遊旅行をはるかにしのぐ大規模で大胆な観光旅行の計画である。

もともと最初にこの計画をたてたのは、東京朝日新聞社の記者であった杉村楚人冠《すぎむらそじんかん》であったとされる。彼は、一九〇六年の満州韓国巡遊船の旅行に同行し、さらに一九〇七（明治四〇）年三月、伏見宮《ふしみのみや》がイギリスに渡ったのに際し、同行特派員として派遣された。そうした経験から杉村はイギリス旅行の計画を思いつき、スエズを通る南回り航路、シベリア鉄道で往復するという二案を考えた。だが、日数や旅程に無理があり、計画は停滞してしまった。そこに、大阪朝日新聞記者土屋元作から、それでは思いきってアメリカを経由してイギリスに渡り、世界一周するという修正案が出され、アメリカからイギリス、ヨーロッパ大陸を回り、シベリア鉄道で世界を一周するという思いきった大旅行の計画ができあがったのである。

トマス・クック社との提携

しかし、満州韓国の旅行ぐらいであれば、朝日新聞社も何とか自力で運営できたが、世界一周旅行となると新聞社の片手間仕事でできるはずはない。先の社告では倫敦某社と特約先の社名を明らかにしていないが、後にこれは当時最大の旅行代理業であったイギリスのトマス・クック社であることが発表された。朝日新聞社の世界一周旅行は、すでに世界一周旅行など海外旅行で豊富な経験と知識を持つトマス・クック社との提携によって具体化したのである。

トマス・クック社は、プロローグでもふれたように、ガイド付き団体観光旅行の大衆化を実現した旅行代理業の先駆者で、イギリス国内旅行からヨーロッパ大陸、さらに大英帝国の威光をバックに世界各地への旅行に手を伸ばしていた。一八七二（明治五）年には、最初の世界一周観光旅行を組織し、その途中、彼は日本を訪れ「魅惑の国」日本が大変気に入ったとされる（ピアーズ・ブレンドン〔石井昭夫訳〕『トマス・クック物語』中央公論社、一九五五年）。ジュール・ヴェルヌは、クック社の世界一周旅行をヒントにして、小説『八十日間世界一周』の着想を得たという。この小説は、同年、パリの新聞『ル・タン』に連載され、新聞の発行部数は飛躍的に伸びるほどの大人気を博した。当時の新聞読者は、主人公のフォッグとパスパルトゥーが八〇日間で本当に世界をまわって賭けにかつかどうかを毎号毎号固唾《かたず》をのんで愛読したのである。ヴェルヌの小説は明治初年に日本でも翻訳され、評判となった。

また、その後、欧米では世界一周早回りなどが話題になり、日本の新聞にも面白い通信として掲載された。たとえば、『時事新報』一八九一年八月一四日号は、あるアメリカ人が五五日間で世界を一周して世間を驚かせようとしたが、六一日間かかってしまったというエピソードを載せている。しかし、当時の多くの日本人にとって、世界一周は遠い夢のような出来事、せいぜい欧米人のおこなう別世界の出来事であったのである。そこに、朝日新聞社の企画として世界一周団体旅行が提示されたのであるから、驚かされた。

欲望の鉱脈を掘り起こす

メディア・イベントの成否は、どれだけ多くの人々の好奇心をかきたて、広い話題となりうるかにある。一つの企画が成功したからといって、同種同規模の企画を単純に繰りかえしていたのでは人気は尻すぼみとなり、他社との競争にも負けてしまう。より新奇で、より話題性をもつ企画を案出するのが勝負である。しかし、あまりに突飛すぎれば、かえって人々の関心をひかない。社会の地層の深部にいわば鉱脈のように眠っている人々の意識・欲望を掘り起こし、ひとつのイベントとして具体化したとき、そのイベントは大きな反響を呼び起こすのである。

朝日新聞社は、先年の満韓巡遊船の大成功によって、これまでは考えられなかった海外団体旅行が多くの人々の関心をひきつけることが分かった。海外旅行熱という鉱脈を掘りあてたのである。しかし、この鉱脈が、どの程度の広がりと深さをもつものであるかまでは見当がつかなかったが、それでも海外旅行熱を具体化する第二のイベントとして世界一周旅行を打ち出したのである。満韓巡遊船があたったからといって、次は世界一周旅行というのは非常に大胆である。まさに前代未聞の計画であり、「空前の壮挙」というのもあながち誇張とはいえない。

世界一周の旅程

海外旅行熱という鉱脈から掘り起こし、朝日新聞社が加工成型した世界一周旅行というイベントはどのようにデザインされていたのだろうか。元旦の紙面で発表されたのは、まずハワイからアメリカ西海岸に渡り、アメリカを見物した後、イギリス、ヨーロッパ各国を巡り、シベリア鉄道によって敦賀に戻るという道程、日数費用の概算だけで、詳細は追って発表することになっていたが、一月一〇日になって詳しい日程、費用、募集人員等が発表された。それによれば、旅程は九〇日の予定で、次のようであった。

三月一八日　横浜出発（汽船モンゴリア丸）
三月二八日　ホノルル着
四月　三　日　サンフランシスコ着
四月　五　日　サンフランシスコ発
四月　六　日　ソルトレーク着
四月　七　日　ソルトレーク発
四月　九　日　シカゴ着
四月一二日　シカゴ発
四月一四日　ボストン着　　途中ナイアガラ見物
四月一六日　ボストン発

四月一七日　ワシントン着
四月一九日　ワシントン発、ニューヨーク着
四月二三日　ニューヨーク発（ホワイトスター汽船）
五月　一日　リバプール着、ロンドン着
五月一六日　ロンドン発、パリ着
五月二一日　パリ発
五月二二日　ベルリン着
五月二五日　ベルリン発
五月二六日　ペテルスブルグ着
五月二九日　ペテルスブルグ発、モスコー着
五月三一日　モスコー発（シベリア鉄道）
六月　七日　イルクーック着
六月一二日　ウラジオストック着
六月一三日　ウラジオストック発
六月一五日　敦賀着

飛行機利用の現在の旅行からすれば、汽船や汽車の旅程にだいぶかかり、特に太平洋を横断す

るだけで一七日間もかかる。しかし、主要都市での滞在日数はわりにゆったりとりながら、九〇日間で世界一周するのであるから、約三〇年前の小説では八〇日間の世界一周が二万ポンドの賭けになったことからすれば、世界は急速に小さくなりつつあったのである。

アジアを見ない世界一周

旅程では、アメリカには二〇日間滞在するのに、イギリスには一六日間滞在することになっている。ただ、アメリカの二〇日間のうち、市中見物にあてられているのはサンフランシスコ一日、ソルトレーク一日、シカゴ一日、ボストン一日、ワシントン一日、ニューヨーク三日で合計八日間にすぎない。これに比し、ロンドン市中とその近郊の見物には一四日間もあてられている。また、フランス、ドイツ、ロシアでの見物も多く日数をさいてはいない。

限られた日数のなかで、各都市の見物に均等の時間をあてられないのは当然なのだが、旅程で見る限りイギリスでの滞在と見物が重視されていた。これは、偶然ではなく、先にふれたように最初の思いつきはイギリスへの観光旅行であったことから分かるように、日英同盟の同盟国として、また政治・経済・文化などの最先進国として、イギリスこそ他をさしおいても訪問すべき国であったのである。

それでもアメリカ、フランス、ドイツなどはかけ足にせよ、見物することになっていたが、この世界一周旅行でまったく無視されているのはアジアである。当初はスエズ回りでイギリスに行くことも考えたというのであるから、アジアがまったく眼中になかったわけではないようだ。しかし、日数と気候の面から南回りを避けることになり、アジアはまったく観光の対象からは外された。「今回の道程は、最も文明的な最も愉快な道筋を選んだ」（「一周会由来」（二）『東京朝日』一月七日）と宣伝されたが、世界一周といいながら、アジアは視野の外にあった。欧米を見ることが世界を見ること、「文明」を見ることと考えられ、それがきわめてあたりまえのことと見なされていたのである。

旅行の費用

この世界一周旅行にどれほどの費用がかかったのであろうか。総費用は二一〇〇円、これ以外に小遣い等が必要であった。前述したように満韓巡遊船は、最上等の甲でも六〇円であったから、その三五倍。一九〇六年の警察官初任給が一二円で、一七五倍になることになる。よほどの高額所得者でなければ参加できない金額である。

それだけに待遇は手厚く、欧米での汽船汽車は基本的に一等。シベリア鉄道だけは二等だが、ウラジオストックからは一等。トマス・クック社の社員が全行程を通じて最低一名随行し、市中見物には同社が馬車か自動車を手配することとなっていた。この他、朝日新聞社から外国旅行の経験を持つ杉村楚人冠と土屋大夢の二名が同行した。

この年の八月、世界一周旅行に出た原敬《たかし》は、一万一〇〇〇円を用意し、そのうち一〇〇〇円が船賃であった（『原敬日記』明治四一年八月二四日）。これとは比べるべくもないが、朝日新聞主催の旅行も全体として、かなり豪華な旅行である。はじめての世界一周旅行として、旅行の安全や参加者の満足を得るために、費用がかかっても、上等な待遇を用意させるという配慮が働いたことは容易に推測できる。だが、それだけでなく、朝日新聞社としては、日本人旅行者が一等乗客となって、現地欧米人の基準からみても見劣りしない、むしろ高くみられるようにすることを意図していたようである。欧米人から見られて恥ずかしくない文明国民の旅行を作ろうとしたのである。

旅行者の服装

それは、服装についての事前注意にも表れていた。朝日新聞社は、会員募集に際して会員の服装について細かな注意を掲げていた。それは、旅行先の気候に合わせた服装の用意ということもあるが、それだけではない。「旅行中会員は皆洋服を着用すべし婦人は日本服に草履にても可なり。旅行者は特殊の取扱を受くるを例とするが故に礼服は不用の見込みなれども用心の為フロックコート及《および》燕尾服一着を携帯することゝすべし」という注意さえなされていた。

男性は旅行中すべて洋服というのは、まさに欧米とならぶ世界の一流国民として欧米の人々から見られて恥ずかしくない服装ということである。満韓旅行でも洋服が推奨されたが、世界一周では必須となったのである。しかも、フロックコートと燕尾服まで携帯させようとしている。欧米の要人との面会という場面を想定しているのだろうが、そうした場面でも、あくまで欧米の基準から見て適切な服装・礼儀作法を身につける、それが一流国民のあるべき姿だという考えが貫かれているのである。こうした服装への注意にも、欧米列強と対等の交際をしようとする意識がはっきりみてとれる。

しかし、女性は和服でも可というのが興味をひく。むろん、これは当時の女性が和服に慣れ親しんでいたことへの配慮だけではない。欧米人の眼を意識して、日本独特の文化として女性の和服を示そうというのであろう。しかし、男性は洋服で、女性は可という使い分けには、欧米と対等の文明国民であるのは男性で、女性はその同伴者として鑑賞の対象とするという考えが伏在しているともいえる。

会員募集　二一〇〇円という高額な旅行費用であるから、会員数の設定は難しく、一月五日紙面で、会員数は二五名以上五〇名以下とし、「選択は本社の都合に因るべし」と発表した。三七五名もの会員を募集した満韓巡遊船と比較すればはるかに小規模である。募集会員数に幅をもたせているのは、応募者数の予測は困難で、また応募者の支払い能力・社会的地位等も調査する必要があったのであろう。『朝日新聞』記事によれば、上限を五〇名としたのは、トマス・クック社の要望であり、参加者が三〇名を割った場合には割増費用が必要だが、朝日新聞社としては二五名以上であれば損益を顧みず実行する予定だとある（『東京朝日』一月一六日）。ただし、読者からすれば、朝日新聞社企画の信頼性にも不安があったはずで、企画者・応募者ともに手探り状態で始まったのである。

しかし、企画発表直後から、予想以上の反響があった。一月二日の『東京朝日』は、高千穂学校長川田鉄弥から参加申し込みがあり、これが加盟の第一号であると報じている。また、同紙は、大阪朝日新聞社のほうにも三名の参加申し込みがあったと伝えている。旅程や費用など旅行の詳細がまだ発表されていない時期から、敏感な反応があったのである。応募者状況などは発表されなかったが、一月中旬の記事では「今日迄の申込数から察すると五〇人は愚か百人でも出来さうな」（『東京朝日』一月一六日）と、多数の応募者があったことが報道されている。こうした記事から、出足は上々であったようだ。

二月四日の『朝日新聞』は、「世界一周会会員決定」という記事を掲げ、「世界一周会申込に対する審査は昨三日結了し即日入会承諾書を発送せり、申込者にして右承諾書を受取らざる人は人員制限の為め止むを得ず謝絶せられたるものと承知ありたし」と記している。これによれば、朝日新聞社は、多数の申込者を審査して世界一周会会員を決定し、選にもれた者が何人かいたことになる。高額の世界一周旅行という思いきった企画にもかかわらず、反響は予想以上であったのである。

会員名簿が、新聞紙上に発表となったのは、出発の五日前の三月一三日になってからである。イベントを盛りあげるためには、一般読者にどのような人々が世界を一周するのかを宣伝する必要があったが、朝日新聞社としては、旅費入金を確認するまでは会員名簿の確定ができなかったのであろう。

有閑階層の成立

発表された世界一周会会員は、記事のなかでは総数五五名と記されているが、名前が列記されているのは五四名である。あるいはこの時点で未確定の者が一名いたのかもしれないが、実際に旅行に出たのは、この五四名である。

朝日新聞社としては、最低二五名という覚悟をしていたにもかかわらず、ほぼ上限の五四名の会員を確保できたということは、約三ヵ月の旅行を高い旅費をかけて楽しむ経済的・時間的余裕を持ち、しかも海外への関心の高い有閑階層が形成されてきていたことを示している。言うまでもなく、これは、日露戦争後の日本の経済力が産み出した社会層である。世界一周旅行は、日露戦争後の日本の経済力の表出でもあったのである。

世界一周会会員

新聞紙上に掲載された会員氏名・住所・職業は、表5に掲げた。記事に記載された職業によれば、都市商工業所有者・経営者層が中心である。農業と記載ある者は、二名にすぎない。交詢社『日本紳士録』に掲載があり、所得税・営業税の納付額の判明する者が二八名いる。最高額は野村財閥の創立者で株式現物問屋の野村徳七で約六八〇〇円、低い者で二一円とかなりの格差があるが、全体として相当な高額である。人名録に記載があること自体上流層であることを示しており、明らかに満韓巡遊船参加者よりもかなり高い社会階層で

梅原柳子	同	(梅原亀七妻)	
野村徳七	大阪市	株式現物売買問屋	◎4505、×2307
野村美智子	横浜市	野村洋三妻、美術品雑貨商	洋三◎972、×804
久留島武彦	東京市	雑誌記者	
山口保三郎	栃木県足利郡	機業	
松崎友吉	東京市	区会議員	
桝谷熊吉	神戸市	株式米穀仲買人	◎750、×213
桝谷正造	同	(桝谷熊吉男)	
小西又助	大阪市	銀行重役舶来織物商	◎186、×470
小西平兵衛	大阪市	羅紗商	◎390
榎並直三郎	神戸市	会社員	直五郎◎387
朝山吉之助	神戸市	茶商	◎92
佐分慎一郎	愛知県中島郡	銀行重役	
吉良元夫	豊後国大野郡	酒造及醤油製造業	
北出富三郎	大阪市	時計及貴金属商	◎34
南　熊夫	大阪府南河内郡	大阪高等商業学校教諭	
三谷源治郎	京都市	株式米穀仲買人	◎21
三木佐助	大阪市	会社重役図書及楽器商	◎2378、×500
柴田音吉	神戸市	洋服商	◎540、×273
人見米次郎	神戸市	倉庫会社支配人	◎49
杉原栄三郎	東京市	東京府会議長メリヤス製造業	
土屋元作	大阪朝日新聞特派員		
杉村広太郎	東京朝日新聞特派員		

(『日本紳士録』〈第十五版・明治43年〉より作成。◎所得税，×営業税)

1）本人の姓名の記載はないが，同一住所で同姓別名の記載のある場合は，親子・兄弟・夫婦と推定し，記載ある者の納税額を記した。

2）逸見仁之助，大久保不二，小川茂七，勝田忠一，梅原亀七，松崎友吉，小西又助，朝山吉之助は満韓巡遊船参加者。

表5　第一回世界一周会会員

会員姓名	住所	職業	納税額
井出三郎	熊本県	新聞社長、地主	
井山政之助	京都市	生糸問屋	◎42
井上徳三郎	大阪市	三品株式仲買	◎310、×768
猪飼史朗	大阪市	薬業	◎1323
岩本栄三郎	大阪市	雑貨卸商	×70
逸見仁之助	大阪市	奈良漬商	
服部保蔵	大阪市	雑貨卸商	保太郎◎862、×700
芳賀吉右衛門	東京市	太物卸商	◎30
西田　亮	青森県	漁業及酒造業	
堀　米吉	大阪市	時計貴金属商	◎750、×600
堀　鶴子	同	(堀米吉妻)	
外山政蔵	東京市	会社員	
大沢徳平	大阪府堺市	酒造業	
大久保不二	水戸市	農鉱業	
小川正次郎	東京市	鉱山器械製造販売業	◎51、×255
小川茂七	東京市	菓子製造業	◎181、×169
片山茂三郎	京都市	地主	
河瀬芳三郎	大阪市	会社重役洋反物商	◎91、×281
勝田忠一	大阪府三島郡	農業	
川田鉄弥	東京府豊多摩郡	学校長文学士	◎34
吉原正隆	福岡県三潴郡	大学院生法学士	
米谷秀司	東京市	会社重役北海道物産及貿易商	
高倉藤平	大阪市	会社重役株式米穀仲買人	蔵平◎408、×643
瀧川英一	神戸市	燐寸製造業	弁蔵◎5183、×1999
竹村利三郎	東京市	銀行支配人弁護士	
田島達策	東京市	合資会社長運送業	◎211
荘保勝蔵	大阪市	帯地洋反物商	
塚本喜市	東京市	学生	
中野虎吉	大阪府南河内郡北		
中村平三郎	東京市	府会議員織物業	◎390、×68
氷見省一	大阪市	銀行員	
成島菊次郎	東京市	府会議員牛鳥肉業	◎477、×218
梅原亀七	大阪市	市会議員株式仲買	◎336、×95

ある。

地方別にみれば、大阪が最多の一九名、次いで東京一四名、以下兵庫県六名となっている。東京・大阪・神戸・横浜等の大都市居住者が大多数で、都市外の住所になっているのは七名にすぎない。また、関西在住者が関東より多くなっている。満韓巡遊船でも、同様の傾向があったが、世界一周会のほうが、よりいっそう顕著である。

このような地理的分布は、一つには東西『朝日新聞』の読者分布の反映だろう。朝日新聞社の本拠は大阪にあり、『大阪朝日新聞』のほうが発行部数が大きく、社会的信用が高かったのである。ただ、それだけでなく、有閑階層が、特に大阪・神戸等の関西都市部で厚みをもっていたとも考えられる。全体的には、世界一周会会員は、都市の一部上流階層であったといえる。

女性の会員は、三名であるが、朝日新聞社の発表した会員資格では、「本社に於て適当と認むる保護者に同伴せらるゝ婦人は会員たるを得べし」とあり、基本的には男性のみを募集し、その同伴者として女性の参加を認めたのである。当時の状況において、女性が海外旅行に赴くだけでも大変なことであったことからすれば、同伴者としてにせよ、三名もの参加があったことは積極的活動的な女性の登場を示していると見ることもできる。前述したように、満韓巡遊船には女性の参加者は一名もいなかった。ただ、それも、上流階層を対象とする高額な旅行であったがゆえに、女性の参加が可能となったともいえるだろう。

また満州韓国巡遊船に参加し今回の世界一周にも参加した者は、八名もいる。一つの海外旅行が次の海外旅行への関心を呼び起こし、早くもリピーターが出現してきたのである。

世界一周旅行の物語

一定のデザインによって世界一周旅行が造形され、またそれに参加する応募者がそろったのであるから、旅行代理業であれば、これだけで十分成功したことになろう。しかし、朝日新聞社は、新聞社であって旅行代理業ではなかったから、これだけでは成功ではない。参加者を惹きつけるだけではなく、それをはるかに上まわる新聞読者に世界一周の記事が読まれ、大きな社会的な話題となるメディア・イベントとしていかなければならないのである。満韓巡遊船の場合は、日露戦争報道の延長線上に、帝国日本の形成という物語が語られ、予想を数倍する反響を巻き起こした。

物語の創造

この世界一周旅行も、当時の社会において大きな意味をもつ出来事であることを語り、それが多くの読者の共感をよぶものとしていかなければならなかった。財産と時間を持つ一部の人々が、世界一周旅行を楽しむという行為だけとれば、有閑階級の顕示的閑暇・顕示的消費（T・B・ヴェブレン〈高哲男訳『有閑階級の理論』一九九八年、筑摩書房〉）である。それは、一般読者の好奇心をひくことはあっても、場合によれば、反感を引き起こしかねない。それが、メディア・イベントとして一般読者の共感、少なくとも関心をひくには、世界一周旅行に参加する者にとって、またその旅行記を新聞記事で読む者にとって、一九〇八年の時点において世界一周旅行が社会的・文化的な意味をもっていることを説明する一種の物語が必要なのである。そうした物語が、共有されることによって世界一周旅行は、社会的・文化的事件となり、多くの読者が共感的関心をもって読むニュースとなるのである。

欧米列強と対等の交際

朝日新聞社は、「日本も日露戦争以来世界の一等国の伍伴《ごはん》に列して、欧米列強と対等の交際をする様にはなつたが、鎖国以来久しかつた日本のこととて、兎角《とかく》に引込思案が多くて、海外歴遊などいふことを、途方もない億劫《おつくう》なことと思つて居る者が少くない。（中略）之《これ》ではいけぬから、此に我社は世界一周会を発企して、成るべく手軽に、成るべく時日と費用を少くして、世界の要所を見せやうと企てたのである」（「一周会由来」（一）『東京朝日新聞』一月一六日）という。これまで日本は来訪する欧米観光客を受けいれるだけであったのが、今や「世界の一等国の伍伴に列して、欧米列強と対等の交際をする」ようになった。そこで、今度は日本人が欧米の名勝を観光し、しかも世界を一周する旅行をしよう、あるいはすべきだというのである。「世界の一等国」として「欧米列強との対等の交際」をすること、これが朝日新聞社主催世界一周旅行の物語の基本的モチーフである。

前述したように満州韓国巡遊船でも、「世界の一等国」にのしあがった「帝国日本」という物語が語られていたが、世界一周旅行はそれをふまえて欧米列強との対等性ということが重要なテーマとなっていたのである。しかも、対等となった、その欧米を見に行くのである。満州韓国旅行で旅行者が見に行ったのは自己の新たな勢力圏であり、満州韓国の人々と「交際」するという発想はもともとなく、実際の旅行中もそうした場面はほとんどなかった。ところが、今回は、欧米を見に行き対等の「交際」をしようというのである。そこでは、満韓旅行と世界一周という、たんなる旅行の規模を越えて、旅行者と現地の人々との関係の持ち方に大きな違いがあった。

帝国を代表する

「欧米列強と対等の交際」をする旅行ということになると、旅行者たちは、それにふさわしい役割を演じなければならない。旅行の主催者である朝日新聞社は、世界一周旅行会員について次のように説明している。「一周会員は其の職業の種類に於て雑駁《ざつぱく》なり。其《その》年齢に於て長少相錯雑《さくざつ》す加之《しかのみならず》交《まじ》ゆるに幾分の婦人を以てす。即ち外人之《これ》を見れば、日本国民の一縮小図を展《ひら》くが如き観ある可し。彼等は依《よっ》て以《もっ》て帝国民の真面目を見るに極めて好都合なりと思量せん」（『大阪朝日』三月一六日社説「往けよ世界一周会」）。実際には、会員の職業・年齢などに一定のばらつきはあるが、「雑駁」というほど多様性があったわけではない。

むしろ、前述のとおり、都市上流階層を中心に同質的な集団であった。それを「日本国民の一縮小図」「帝国民の真面目」であるというのは、欧米人の目を意識しているのである。旅行会が欧米を旅行すれば、欧米人から必ず、そのように見られるだろうというのである。したがって、「思ふに会員は皆本邦に於ける中流以上の人士なり。宜《よろ》しく各人各自常に帝国を代表し居る重大なる責任を顧みるを要す」というのである。世界一周旅行会員は、個々人として旅行するのではなく、「帝国を代表」して行動するという役割を果たすことが求められたのである。

「見る」と「見られる」

こうした旅行会員の役割には、この世界一周旅行における見ることと見られることという二重の性格が表れている。『大阪朝日新聞』社説（三月一六日）は会員を激励していう。「吾人は二の希望を有す。一は会員諸氏が各自十分に観察を尽くして遺憾なからん事、二は諸外国人をして我が国民を知らしむる事是《これ》なり。蓋《けだ》し本邦の世界に於ける地位は目下此の二点を必要とすればなり」。旅行者たちは、欧米を観察しに行くのであるが、同時に欧米から見られることを期待している。「要するに吾人の今回の挙に期待するところは、よくわが国民の謹厳淳雅にして文明国民に伍して毫《ごう》も恥づる所なき特性を彼等外人に知悉《ちしつ》せしむると同時に、会員各自十分に其《そ》の観察を遂げ、親しく世界的文明に接して見聞を広め、帰来之を各方面に伝播せん事是れなり」（前掲『大阪朝日』社説）。

ここに端的に述べられているごとく、世界一周旅行は、第一には日本人が「文明国民」として世界を、欧米を見に出かける旅行である。日本人の団体が、世界一周旅行すること自体、日本が「文明国」の一員となったことを世界に示す行動であった。しかし、欧米の名所を無邪気に見るだけの旅行ではなかったのである。日本人旅行者は、同時に欧米人から見られることを想定している。欧米人の視線のなかに入っていくのである。旅行者は観光客として「見る」のであるが、同時に「見られる」のである。そして、より積極的に日本国民が「文明国民に伍して毫も恥づる所なき特性」を欧米人に見せる旅行、自己を呈示する旅行と位置づけられていたのでもある。

新興国民の自意識

相手を見ると同時に自分も見られるという関係は、「対等の交際」をすることからすれば、当然のことである。「対等の交際」とは、「見る」「見られる」という相互的な関係なのである。また、こうした「見る」「見られる」という関係は、世界一周旅行がはじめてではない。先に述べたように満州韓国巡遊船も第一義的には満州韓国を見に行く旅行ではあったが、同時に旅行者たちは、現地の人々からどう見られるかをも意識していた。しかし、その場合、見られるとは、「未開」の人々から「文明国民」と見られるであろうことを勝手に想像していたのであって、いわば自意識の過剰であった。「見る」「見られる」という関係が成立しているともいえるのだが、それは日本人の想像のなかだけである。日本人は、「文明国民」という自らの優越性を信じたいために「見る」「見られる」という関係を想像しているだけといえる。したがって、現地の人々の実際の視線にはきわめて鈍感であるか、ほとんど無視していた。

しかし、欧米旅行の場合、日本人旅行者は、欧米人の実際の視線を意識せざるをえない。欧米人の容赦ない視線にさらされる自己を覚悟しているのである。満州韓国との関係では、文明の基準は日本の側にあったから、文明国民と見られる自己を想像していればよかったのだが、欧米との関係では、文明の基準は、日本人にあるのではなく、欧米人の側にある。日本人は、フロックコート着用の例のように自己を「文明」の基準に合わせなければならない。欧米の基準に合わせることができる自己を欧米人に見せなければならないのである。今回は、想像上の他者の視線ではなく、実際の他者の視線を怖れ、見られる自己を過剰に意識することになったのである。

はじめての世界一周旅行は、日露戦争後の日本の国際的地位の上昇・経済力の拡大を背景にして社会的文化的意味が形成された。旅行熱という鉱脈は、たんなる海外旅行への関心というだけではなく、日露戦後の一等国意識にふちどられることによって大きな社会的文化的出来事となり、メディア・イベントとして大きく膨張していったのである。だが、そこには、欧米中心の国際社会において新興帝国としてのしあがり、対等の関係を作ろうとする帝国日本の屈折した自意識が集約的に表れたのである。

欧米を見る

元旦に世界一周旅行を発表した以降、東西の『朝日新聞』はこれを盛りあげる記事を連日掲げていった。旅行の詳しい日程・注意事項や各界名士の賛同記事が毎日掲載され、世界一周旅行の記事が絶えることはなかった。

「一周会道中記」

しかし、満州韓国旅行のようにさまざまな寄贈品がわれもわれもと殺到するといったような状況にはならなかった。三越が新製の靴「世界号」を全会員に贈呈したり（『東京朝日』一月二〇日）、森下仁丹が旅行者への餞別として仁丹が適当だと宣伝したりしたくらいである。これは、朝日新聞社が「寄贈品謝絶」を社告したためもあるが、満韓旅行ほど手放しの共鳴とはいかなかったということだろう。

『東京朝日新聞』は、一月二九日から「一周会道中記」と題する記事の連載を始めた。これは、

「一周会の申込〆切も早や二三日の中に迫つて来た、そろそろ予定の道中記を書き初めた所が誰も故障は言ふまい」と断り書きがついているが、実際の世界一周旅行の記事ではなく、旅行会の旅行を事前に予想して記事に仕立てたものである。たとえば、「三月一八日横浜埠頭幾万の見送人が万歳声裡にわが一周会員は世界一周の旅路に上るのである。乗船は太平洋汽船会社の巨船モンゴリア丸（以下略）」といった具合に、世界一周会の旅行の予想記事を掲げた。以後、予定された旅程にしたがって、ハワイホノルルからサンフランシスコと、世界各地を次々旅行しているかのような記事を連載し、模擬的な世界旅行の体裁をとって、世界各地の名勝名所を簡潔に紹介していった。これから実際に世界一周旅行をおこなおうとしているときに、その予定記事を事前に連載してしまうというのは、奇妙な新聞記事である。

このような記事が連載されたのは、一般読者にとって欧米の都市や名所がほとんどなじみがなかったことがあろう。『朝日新聞』の発表した旅程でアメリカやヨーロッパの地名を見ても、一般の読者は、どんな場所なのかほとんど知識はなく、イメージがわくことはなかった。また、後述するように当時の通信技術では、発着については簡単な電報で報道するしかなかった。これからの世界一周旅行記事を関心をもって読んでもらうためには、あらかじめ読者に地理的予備知識と世界一周の空間的想像力を事前に与えておく必要があったのである。観光が「よく知っているものの発見」だとすれば、事前によく知っておくための啓蒙が必要であったのである。

三月一五日、世界一周旅行会の関西グループは、神戸港を出航した。大阪朝日新聞社は大阪駅前に二軒の休憩所を貸し切り、駅前は見送りの人の山で埋まったという。会員は、打ち上げ花火のなかを特別に増結された特別ボギー車一・二等に分乗して神戸まで移動したというから大変な騒ぎであった。神戸港では、さらにお祭り騒ぎで、オリエンタルホテルの奏楽隊に送られた会員は八隻の小蒸気船に乗って沖合に繋留されたモンゴリア丸に乗り込み、六十余隻の便船に乗った見送り人が万歳万歳と歓呼をあげモンゴリア丸の周囲を回遊するなかを船は出航したのである。

旅行会の出発

三月一八日の横浜出発当日は、早朝から朝日新聞社が日比谷公園から花火を打ちあげて景気をつけ、関東方面の会員と見送り人約三〇〇名が新橋駅を出発した。横浜に着くと、馬車等に分乗して休憩所に赴き、シャンパンやビールで送別の宴をはった後、楽隊の賑やかな奏楽をバックに小蒸気船に乗ってモンゴリア丸に乗船した。陸上では派手な仕掛花火を打ちあげ、お祭り騒ぎであった。

満州韓国巡遊船も派手な出航であったが、それに劣らないほどの送別ぶりであった。世界一周旅行となると、当人も相当気負っていただろうし、親戚・友人なども大騒ぎにならざるをえなかったのだろう。しかも、主催する朝日新聞社が社員や新聞販売店を動員して大きく盛りあげようとしたのである。また、会員が上流階層であったため、『大阪朝日』『東京朝日』紙面には、会員の歓送御礼の広告なども掲載された。

旅行の報道

旅行会がお祭り騒ぎにのって出発してしまうと、朝日新聞社にとっての難問は、旅行の有様をどう報道するかであった。遠い旅先での旅行者の様子を一般読者に報じることができなければ、メディア・イベントとして成立しない。

すでに長崎・上海の海底電線によってヨーロッパ大陸との電信は通じていたし、前年の一九〇六年に太平洋の海底電線敷設がつながり、アメリカとの電信も通じていたので、電報の利用は可能であった。朝日新聞社は、事前に新聞電報の手配をして、電報記事によって発着や簡単な動静などは通信する準備を整えていた。しかし、詳しい旅行記事は電報では無理であった。また、旅行会員が船や汽車に乗っている間は電報も使えなかった。旅行会には二人の記者が同行したが、記事を日本に送るのはなかなか難しかったのである。

三月一八日のモンゴリア丸の横浜出航後、旅行会の記事はしばらくとだえ、三月二九日の東西『朝日』に「二十八日ホノルル発電」として二七日にハワイに到着した旨の短い記事が掲載されたのが第一報である。その後、四月になってサンフランシスコの歓迎準備記事などが掲げられ、ようやく四月五日に「モンゴリア見ゆ（桑港三日発電）」というサンフランシスコ特派員の電報記事が載った。以後は、発電から掲載まで二日ほどのタイムラグがあったが、同行記者からの電報記事が随時掲載され、新聞紙面で世界一周の進み具合が分かるようになった。

ただ、電報は速報性はあったが、簡単な記事で読み物としての面白みは乏しかった。同行記者が旅行会の様子を生き生きと伝えた読み物記事がぜひ必要であった。同行記者の原稿は郵便で送られたようで、杉村楚人冠《そじんかん》がモンゴリア丸での航海の様子を伝えた「太平洋日記」の初回が『東京朝日』に掲載されたのは、四月一三日になってからである。そのころ旅行会の方はとっくにサンフランシスコに着き、すでに鉄道で大陸を横断してボストンを見物していた。それでも、同行記者の読み物記事が、旅行記事の中心であったことには変わりがない。杉村楚人冠は、「太平洋日記」「米国日記」「大西洋日記」「倫敦《ロンドン》日記」「巴里《パリ》日記」「伊太利《イタリア》日記」「瑞西《スイス》日記」「独逸《ドイツ》日記」「露国《ろこく》日記」「日本海日記」といった記事を送り東西の『朝日新聞』に連載された。また杉村楚人冠は、彼の個人の旅行記を後にまとめて『半球周遊』という題で出版している（『楚人冠全集』第二巻に収録）。もう一人の同行記者であった土屋大夢は、旅行実務を担当し旅行中記事を書かなかったようで、彼の署名入りの記事は紙面に見いだせない。

また、当時の新聞は、写真やさし絵を多用するようになっており、異郷を旅する旅行会の様子や海外の風景などを図像で報ずるのは重要であった。しかし、費用のかかる世界一周旅行会では、画家やカメラマンは同行させられなかった。記者が描いたとみられるモンゴリア丸の船内情景のスケッチが『東京朝日』に掲載されているが、旅行の様子を伝えたのは主に現地のカメラマンの撮影した写真であった。ただ、写真の掲載は記事よりもさらにおくれ、たとえばホノルルの会員記念写真が掲載されたのは、三週間ほどたった四月一八日になってからであった。

読者は二、三日遅れの電報記事で、旅行の進行状況を知り、さらにそれから一〇日ほど遅れて現地での名所見物や歓迎会の様子などの記事を読み、さらに一週間ほどたって現地の写真を見ることになったのである。このような報道は、現在の速報性からすれば、間のぬけたものに感じられるが、当時のニュース報道としては速くかつ多面的であった。朝日新聞社としては相当力をいれた報道体制をとっていたのである。読者は、電報記事、読み物記事、写真というふうに順序がずれながら、多重的に旅行記事を楽しんだともいえる。

物語と実体験　すでに述べたように主催の朝日新聞社が出発前に語っていたのは、「欧米列強と対等の交際」などといった日露戦争後の帝国拡大の物語であった。しかし、異郷を旅することにおいて、あらかじめもっていたそうした物語の枠組みにおさまらない出来事を体験することもある。そうした体験によって自己の視線を反省することもあろう。世界一周旅行会においても、会員たちが実際にどのような体験をしたのか、事前に持っていた「欧米列強との対等の交際」という物語と旅行の実体験とが食い違いを感ずるようなことがあったのかどうか、それがやはり大きな問題である。

しかし、旅行者たちの実体験を知ることはなかなか難しい。同行記者の旅行記事は豊富にあるが、新聞社主催のイベントを報道するために派遣された記者は、イベントを盛りあげるために記事を書いているのであるから、自己の枠組みを見直さざるをえない体験については書きにくかったと推定できる。帰国後、杉原栄三郎、川田鉄弥、大久保不二などの会員が、朝日新聞記者のインタビューによって旅行の感想などを語っているし、高千穂学校校長の川田鉄弥は、『欧米巡遊』という旅行記を出版し、野村徳七の見聞は、自伝『つたかづら』や伝記『野村得庵』で知ることができる。

だが、同行記者の旅行記事等には限界があるのは確かにしても、記者達が旅行と同時進行的に書いていった旅行記事は旅行の体験を最も生々しく伝えている。そこで、やはり記者たちの旅行記を読み解くことで、旅行者たちの体験を考えてみたい。

旅行者たちは、前述のように「見る」ことと「見られる」ことの二重の役割をおっていたが、まず見る役割、欧米の何をどのように見たのかを取りあげてみよう。

アメリカを見る

彼らの最初の訪問地は、アメリカであった。前述したように、この旅行はトマス・クック社の手配によるものであったから、訪れる名勝・名所や宿泊ホテルなどは、同社の選択によったと推定できる。また、現地での歓迎会などもトマス・クック社と日本の外交機関の働きかけによっておこなわれたのであろう。

旅行会が各地で訪れたのは、いわゆる定番の名所・名勝である。サンフランシスコでは、一流ホテルのフェアモントホテルに泊まり、市内の日本人街、金門公園、プレテシオ兵営、州立物産館を見物、フェリーでオークランドに渡り商業会議所を訪問した。夜は在留日本人の歓迎会に出席した。シカゴでは、シカゴ商業会議所のメンバーが一行を二〇〇ﾙﾏｲも手前の駅まで出迎えるほどの熱烈歓迎ぶりで、別仕立ての列車で駅に到着、ただちに市内一のホテルに入り、晩餐。翌朝からリングレーサーカス見物、牛豚食肉処理場など市中を見物し、夜は地元商業会議所主催の大歓迎会に招かれた。これには、シカゴの商業会議所メンバー五〇〇名が出席したというから、大パーティーであった。翌日はデパートなど市中見物した。シカゴを出発した一行はナイアガラ瀑布見物、ボストンに行き、ハーバード大学や独立戦争の古戦場等を見物。汽船に乗り、途中ニューヨークを経て、フィラデルフィアで独立当時の史跡を見物した。さらに列車でワシントンに赴き、国会議事堂、国会図書館、ワシントン記念塔、リンカーン記念堂等市内を見物したのち、アメリカ旅行のハイライトとなるローズヴェルト大統領謁見《えっけん》に臨んだ。

ローズヴェルト大統領は、日露戦争の講和の仲介者として日本では好感をもたれていたが、夫妻でホワイトハウスのブリュールームで一行を出迎え、歓迎の挨拶ののち旅行会メンバー一人一人と握手を交わし、親しく言葉を交わした。特に女性三人の和服姿には感嘆の声をあげたという。日本の一新聞社の主催した世界一周旅行の一行に大統領がわざわざ会見したということ自体、大変な厚遇である。朝日新聞社は、村山龍平、上野理一の名義で直ちに感謝の電報を大統領宛に送った。

イギリスを見る

モンゴリア丸を上まわる豪華客船セドリック号に乗って大西洋を渡った一行は、五月二日リバプール港に到着、直ちにロンドンに入った。ロンドンでは、五月一三日の出発まで一二日間と旅程のなかで最もゆったりとした滞在で、旅行会はロンドンやその近郊の見物を楽しんだ。まず、一行有志が、ロイド週報社を訪問し、印刷設備などを見学した。翌日から市中を見物して回り、ハイドパーク、トラファルガー広場、アルバート美術館、セントポール寺院、ウェストミンスター寺院、水晶宮、ドック、さまざまな遊技場、シチー、市会議事堂、ウィンザー城、イートン校、国会議事堂、大英博物館、英仏博覧会、バッキンガム宮殿、そしてノースクリフ男爵の園遊会などなどである。この間、買い物にもたっぷり時間をかけている。

ノースクリフ男爵の園遊会は、イギリス滞在のハイライトであった。ノースクリフは、イギリスにおいて新聞の大衆化を実現した新聞経営者である。彼は、一八九六年に『デイリーメイル』を発刊し、センセーショナルな編集方針で一〇〇万部を突破するという大きな発行部数を得た。一九〇五年男爵となったうえ、一九〇八年には高級紙『タイムズ』を買収し、大衆紙と名望ある高級紙を所有する新聞経営者として成功をおさめていた。ちょうどこの時期はノースクリフにとっても絶頂期であり、その別荘サットンプレイスで開かれた園遊会に旅行会一行が招待されたのである。

当日は、特別列車が用意され、世界一周会メンバーはデイリーメール社幹部と同車してギルドフォード駅に至ると、駅前には二十余台の自動車馬車が出迎え、一行はこれに乗って別荘に赴いた。ノースクリフ男爵は夫妻で一同を懇《ねんご》ろに歓待し、そのもてなし振りはトマス・クック社社員も舌をまくほどであったという。

ヨーロッパ大陸を見る

ロンドンからパリに入り、四日間をパリ見物に費やした。エッフェル塔、ノートルダム寺院、ヴェルサイユ宮殿、オペラ見物とパリの名所を見物している。この間、当初の予定に入っていなかったが、ヨーロッパ文化の中心の一つイタリアを旅行しようという話が持ちあがり、トマス・クック社と相談のうえ、本隊はイタリアに旅行することになった。また、かねてからの計画か、あるいは旅慣れして急遽思い立ったのか、旅行会のメンバーのなかには本隊と一時別れて、自分の関心ある場所に赴く者もでて、ニューヨークにとどまるグループ、イタリアを省略してベルリンに直行する者、パリから再びロンドンに行く者などがいた。またその後数週間ヨーロッパに滞在したものもいた。

イタリア、ドイツ、ロシアの旅行の紹介は、紙幅の関係上割愛せざるをえないが、いずれもかけ足ではあるが、著名な名所・史跡を見て回った。いったん別れた者のうち数名もベルリンで合流し、シベリア鉄道経由で敦賀に帰着したのである。

図3　第一回世界一周会
（上：サットンプレイスの園遊会，下：ベルリンのホテル前）

名所・名勝見物

世界一周旅行会が見て回ったのは、いわゆる名所・名勝とされている場所である。また、豪華ホテルに泊まり、汽車汽船も上等級に乗り、大統領、大新聞経営者をはじめ地元実業家など主に著名人たちの歓迎を受けた。朝日新聞社・旅行者はこうした旅行を望んでいたし、トマス・クック社は期待に応えて最上等の旅行を提供したのである。

むろん、旅行会メンバーは、実際には名所ばかり見たわけではなく、旅行記には列車の車窓から見る風景、沿道の街並み、宿泊したホテル、買い物をしたデパートなど彼らが見たさまざまなものが描かれている。名所のほかに、見るのがこのように限られたものでしかないのが、現在まで続くガイド付き団体観光旅行の通弊だといえなくもないが、それでも当時の人々にとっては、驚くべき見聞であったのである。たとえば、一行はハワイのホテルでも規模の壮大さに驚き、さらに大陸最初に宿泊したサンフランシスコのホテルにも驚き、次のように書いている。

フエアモント、ホテルはパレース、ホテル会社の経営に係り、ノツプ丘の上に在り、一目にして桑港《サンフランシスコ》全市を下瞰《かかん》し得べし。九階の高楼巍然《ぎぜん》として雲に聳《そび》え、総客室五百十二を有す、桑港第一の大旅館たり。馬車を下りて之《これ》に入《い》れば、バーロア広く開けて、彼方此方《かなたこなた》に三々伍々椅子を寄せて相語らふ男女幾組あるか知らず、導かれて夫々《それぞれ》の部屋に向ふに、幾箇所に仕つらへたるエレベータ目苦《めまぐる》しきまでに上下し、幾条の廊下は遠く連なりて下手な街道に異ならずと皆打呆《うちあき》るゝも理《ことわ》りなり（杉村楚人冠「米国日記」）

旅行が進むにつれ、ホテルについても記述は少なくなるが、それでも壮麗な大規模ホテルへの驚きは、繰りかえし語られている。一流ホテルは、欧米の都市でも特別に演出されている場所であるが、そこに象徴される欧米文化の力を改めて痛感せざるをえなかったのである。しかも、ホテル以上に欧米文化を端的に示すものとして名所名勝を見たのである。

名所を見る眼

名所・名勝を見たということだけみれば、満州韓国旅行も同じであった。しかし、すでに前章で述べたように、満州韓国旅行で日本人旅行者が見て回った名所とは、主として日清戦争・日露戦争の古戦場である。それらは、日本人のとってのみ意味をもつ名所であった。帝国日本拡大という視線で満州韓国を見ていたのである。

世界一周旅行会も、サンフランシスコの日本人街などを訪れている。当時、日本人移民への排斥運動が起こり日本人移民は苦しい状況に置かれ、日米間の外交問題にもなっていた。しかし、旅行者たちは、日米関係の緊張を意識していたが、サンフランシスコ市内の一風景として日本人街を眺め、それ以上踏みこんだ態度は示さなかった。

旅行会が次々と見ていったアメリカ・ヨーロッパ各地の名所は、欧米の歴史・文化のなかで特別の意味をもつ名所であった。そのことは、彼らも十分に承知し、実際欧米の歴史・文化の文脈のなかで生ずる意味から名所を見ていたのである。たとえば、ボストンの市内見物では、「凡《およ》そ米国の歴史を知れる者は、ボストンが新英国殖民以来の古き歴史を有すること、ボストンには純粋なる当年のピルグリムの子孫が居住して今も尚《なお》市民の中に英国清教徒の面影を留むること、ボストンは商工業の中心たると同時に文芸科学の中心たること等を知れるなるべし。実《げ》にも足一度《ひとたび》ボストンに入りて、街衢《がいく》を往き交ふ人の賑《にぎ》はしきが中に落ちつきたる所ある、家屋調度のきらびやかなるを避けて質素なる中に何処となく重々しき所を存せる」（杉村楚人冠「米国日記」）と語られている。ボストンの街並みをアメリカ建国の歴史の文脈にそくして眺め、その歴史から生まれた落ち着いた風情に感嘆しているのである。また、旅程の途中では、リンカーンの銅像やグラント将軍の墓に詣《まい》り花輪を献呈し、バッキンガム宮殿では国王の行列に万歳三唱を唱えるなどアメリカ・イギリスの歴史へ敬意を表する儀礼をきちょうめんに実行していた。

ここにあるのは、自らの歴史の文脈でしか満州韓国を見ず、その土地の歴史をほとんど無視していた満州韓国旅行での視線とは対照的な視線である。自己中心的な視線に対して他者内在的な視線ともいえる。日露戦争後、見る主体となった日本人旅行者が、満州韓国と欧米とに対し、このように対照的な視線をもったのは、どちらも日本が世界の一等国、文明国になったという自負にもとづいている。他者内在的といっても、欧米文明はまったくの他者ではなく、今や文明国民となった日本人は、広義の欧米文明に共属しているという意識である。未開に対しては、文明国としてその歴史を無視すればたりる。逆に、欧米の歴史は、同じ文明国として内在的に理解し、敬意をはらわなければならない。日本人旅行者は、文明国民として、そのように規律・訓練されたまなざしをもって欧米を見たのである。それが、日本人旅行者の考える対等の礼儀正しい視線であった。

しかし、その対等さは、意識的にしろ無意識的にしろ、日本人側の秘かな努力を経たものであり、そうした努力が必要であること自体、対等性が十分熟していないということでもある。むしろ、旅行者は、欧米での見聞によって、日本が世界の一等国に伍したといいながら、いまだ欧米との経済的・文化的格差は大きいと実感したと推定される。先のホテルの壮麗さへの驚きはその一端である。対等のまなざしを向けようと思いながら、相手の優越性を認めざるをえなかったのである。しかし、かといって、自己を未開にまで引き下がらせることはできない。そこで救われたのが、欧米側の手厚い待遇であった。欧米の一流人士が、旅行会一行を異例なほど厚遇してくれた。これは、まさに欧米が日本人旅行者のまなざしに応え、対等と見なしてくれた証拠であることになった。そして、それは、旅行者が、欧米から見られる、欧米に自己を見せるという第二の問題につながっていく。

欧米から見られる——欧米への自己呈示

世界一周旅行会は、欧米を見ると同時に欧米から見られることを意識し、欧米に「帝国民の真面目」を見せることを大きな使命としていた。日本国民が欧米列強と伍すまでになった文明国民であることを見せようとしたのである。だが、その

「動物園の猿の様だ」

裏側には、「中流以上の人間でさへ宛《まる》で動物園の猿の様だと思はれるやうだと大変だ」（「寺内陸相談」『東京朝日』一月一六日）という危惧さえ存在していた。

出発前から、欧米から自分たちがどのように見えるのかを先取り的に過敏なまでに意識していたのである。そうした旅行者たちが、アメリカやヨーロッパの旅先で感じた視線は二つあった。一つは、旅行会一行をさまざまな見学先や歓迎会などで出迎えてくれた人々の視線である。彼らは、旅行会員の身元等を知っていたし、会員と直接言葉をかわす機会をもっていた。もう一つは、

移動の途中や買い物など、行きずりで会員たちを偶然に見かけた人々の視線である。地元新聞の報道などで会員たちを世界一周旅行中の日本人一行であると知っていることもあるが、まったく何も分からずに見かけて視線を投げかけた者もいた。

行きずりの視線

まず、行きずりの人々から見られた経験を旅行記はどのように書いているだろうか。たとえば、サンフランシスコで自動車一二台を連ねて金門公園などを見物して回った情景について「一行の意気虹の如く揚り手を拍《うち》て快哉《かいさい》を唱へざるはなし。行き過ぐる街上の白人黒人も今朝の新聞に依りて一行の何人たるかを知り居たれば、十二輛の車を且《か》つ見返り且つ見送りて、其一車をだも見落さゞらんとす。其様《そのさま》日本にも斯《かく》ばかりの多人数の世界一周隊を出し得るかを怪むものに似たり。我が一周隊が日本の重きを加へしむること夫《そ》れ幾何《いくばく》ぞや」（前掲「米国日記」『東京朝日』五月六日）。この自動車ツアーは、旅行の最初だったこともあってかなり印象深かったようで、後の紙上に一二台の自動車が並んだ写真まで掲載された。旅行者たちは、一二台もの自動車を連ねて市街を見物している自分たちを沿道のアメリカ人は感嘆のまなざしで見ていると得意がっているのである。

このように自分たちが感嘆の眼で見られたという体験は、旅行記のなかでしばしば語られている。ノースクリフ男爵邸への訪問でも「停車場には二十余台の馬車自動車出迎へて我等を乗らしめたるが、沿道来り観る者堵《かき》の如く、帽子手巾《ハンカチ》を振るあり、歓呼を挙ぐるあり、中には日本の国旗を高々と掲げたる家もあり」（「倫敦日記」）。いうまでもなく、沿道の欧米人が本当に感嘆のまなざしであったかどうかは分からない、むしろ日本人旅行者の成金趣味にあきれていたのかもしれないし、あるいはたんに物珍しく見物していただけかもしれない。しかし、欧米の人々は、少なくとも表面的には日本人旅行者を感嘆し、歓迎する態度をとっていたようである。

豪勢な旅行者たち

日本人旅行者たちは、自分たちが行きずりの欧米人たちから感嘆の眼で見られていると思っていた。それは、自分たちが文明国民にふさわしい自己を提示している、欧米人と同じであることを見せていると自負しているからである。特に、欧米の基準からみても豪勢な旅行客として行動しているという意識は強くもっていた。一等船室を利用し、豪華ホテルに宿泊し、自動車馬車を連ねて移動する自分たちを行きずりの人も感嘆しないはずがない。

高い旅行費用をはらって豪華観光旅行客となり、そのように振る舞うという印象操作によって、欧米人の好意的評価を得ると同時に、内心では「動物園の猿の様だ」と思われないかとびくびくし、傷つきやすい自己を保護することができたといえる。

欧米著名人の正視

これに対し、歓迎会等で旅行会一行を出迎えた欧米の著名人からは、どのように見られたと意識したのであろうか。先にも述べたように旅行会一行は、各地で異例なほどの歓迎を受けた。そうした場で一行は、かねて用意のフロックコート等の正装で臨み、文明国民であることを示そうとした。ロンドンの新聞は、ロンドンに到着した一行が「此は今日迄貴国を訪問したる最初の真日本人なり」と公言したと報じている（『東京朝日』六月一八日）。歓迎する側であったアメリカ大統領、シカゴ商業協会幹部、イギリスの新聞王等は、口々に最近の日本の発展を称賛し、世界一周の挙にまで及んだ日本人一行に歓迎を表した。たとえば、シカゴ商業協会主催歓迎会では、協会代表者が次々と立って、ペリー艦隊以来のアメリカと日本との友好関係と開国後の日本のめざましい発展を讃え、「平和に於ても戦争に於ても又礼儀の厚いことに於ても世界に有名なる国民の代表者を我市に歓迎」するスピーチをおこなった。

このような大歓迎は旅行会一行が当初もっていた不安をやわらげ、さらには自尊心を満足させるものであったことは間違いない。日本人旅行者は、「動物園の猿の様だ」と見られるどころか、欧米の著名人から手厚くもてなされ、称賛を浴びたのである。それには、旅行者たちが、服装はむろんのこと立ち居振る舞い、食事の行儀作法にいたるまで恥をかかないことに細心の注意をはらったことは容易に推測できる。杉村楚人冠は、ロンドンの新聞記者に「一行が英国人と全然同様の食事を取らんことは最初よりの希望なりき、米国滞在中も彼等は全く米国風の食卓に就き（中略）各員は何れ《いず》も西洋の制度風俗を知るに熱心にして、努めて自国の習風を矯正せんことに注意し居れり」と述べたとイギリスの新聞を報道した（『東京朝日』六月一八日）。欧米著名人のまなざしの対象となる自己を意識し、欧米の規範を内面化し、規律・訓練された自己を欧米人の前で演じて見せたのである。

それが、欧米著名人の好意的評価を引き出したのであるから、文明国民であることを見せようとした旅行会員の自己呈示は成功したと感じたし、安心もしたのである。

旅行会の自己呈示

『大阪朝日』は、シカゴでの大歓迎が報じられた後の四月一七日に「世界一周会の盛況」という社説を発表し、一行がアメリカ各地で歓迎されている事実をもってこの計画が成功であったことを論じている。始まったばかりの段階で、こうした社説を掲げたこと自体、朝日新聞社が欧米での接遇に不安を抱きながら旅行会を出発させ、アメリカ各地での歓迎ぶりに安堵したことがうかがえるのである。

旅行会の安着

六月二一日、世界一周旅行会一行は敦賀に無事に帰着した。翌二二日の『東京朝日』社説「世界一周会員帰着」は、大統領から「見ず知らずの欧米人までが、誠意を尽くして歓迎して呉れたるが如し」と、一周会一行が欧米各地で大歓迎を受け、また会員が大いに見聞を広めたことをあげて、世界一周会が大成功であったと論じた。これは、主催新聞社の自画自賛ともいえるが、参加会員は満足を語り、欧米の諸新聞が取りあげる社会的話題となり、それが日本国内にも反響したのであるから、確かにこの時期のメディア・イベントとして成功であった。

世界一周旅行は、日露戦争後の一流国意識の波に乗った一種の冒険旅行であった。世界一周が冒険であることもあったが、トマス・クック社の斡旋であったから、朝日新聞社が自前で組織した満韓旅行より安心だったかもしれない。それよりも、満韓旅行ほど野放図に一流国意識を振りまわせず、場合によっては欧米の人々の冷ややかな視線によって旅行者たちの自尊心が傷つけられ、旅行の企図が挫折してしまう危険性があったのである。そうした意味で冒険であった。

朝日新聞社は、「欧米列強と対等の交際」をする世界一周と意義づけ、この旅行が欧米を見ると同時に欧米から見られる体験、あるいは欧米に自己を見せる体験であることを強調していた。欧米から見られる客体であった日本が、新興帝国として欧米と対等の関係をもとうとする過程で計画された旅行の参加者は、「見る」「見られる」、「見せる」という多重的関係を意識した緊張した覚悟で出かけることを要請されたのである。しかし、出かけてみると、トマス・クック社や朝日新聞社の事前の手配のためか、欧米各地で手厚い歓迎を受けた。事前に心配していた、「対等」意識が傷つけられる場面には遭遇しなかった。それには旅行者たちが、文明の作法を身につけた自己を呈示していったことが大きい。また迎える側が、物珍しい珍客とみたか、あるいは外交辞令であったのか、旅行者たちに寛大であったのである。

最初の世界一周旅行は、主催新聞社、旅行参加者、彼らの旅行ぶりを新聞記事で読んだ多くの読者に自信をあたえることになった。日本は、欧米列強と伍す一流国にのしあがった。日本人は欧米人と対等の交際をおこなえるし、欧米列強もそれを認めてくれたのだという意識である。それは、海外旅行というレベルで日本の国際的地位の上昇を達成したともいえる。そうした意識は、その後、対外意識を方向づけることになるだろう。

しかし、さらに旅行記を読むと、朝日新聞社、参加者ともに世界一周旅行に満足し、自信を深めながら、その心底に依然として劣等感が存在していることがうかがえる。それは、欧米列強が大歓迎してくれたにしても、それは一種の儀礼でしかなく、真に認めてくれたとはいえないのではないか。あるいは、儀礼にしろ、それだけ歓迎の態度を示すことは一流国のもう一段高い余裕ではないかという劣等感・不安感である。『大阪朝日』四月三〇日社説「外客待遇に就き」は、旅行会へのアメリカの厚遇ぶりについて、「是れ一等国の実力あり、一等国の礼容を表見するもの。之に反し国痩せ民小なる未開国人は、往々外客に対して倨傲《きょごう》なるものあり。日本は今何れの区域に列するか」と、一等国の余裕から生まれる厚遇と未開国の「倨傲」とを両極におき、日本の位置を論じていた。一等国と対等関係にのし上がることを目指しながら、どこか中ぶらりんになってしまう日本のあり方は、外国人観光客の受けいれ方、さらに次の日本人の海外旅行につながっていくのである。

観光客に見られる日本、見せる日本

第一回アメリカ人観光団の来日

熱烈な歓迎ぶり

朝日新聞社主催の世界一周旅行が大々的におこなわれた翌年の一九〇九（明治四二）年一二月から翌一九一〇年一月にかけて、今度はアメリカ人を中心に約六五〇人もの大観光団が日本を訪れた。観光団を乗せた客船クリーブランド号は、一万八〇〇〇トンの豪華客船で、一〇月一六日にニューヨークを出港、イタリア、キプロス島、インド、シンガポール、香港を経て日本にやって来たのである。一二月三〇日に長崎に入港し、その後神戸に寄港、一月六日に横浜港に入った。

　これまでも欧米からいろいろの観光客が日本にやって来ていたが、これほど大人数の団体はあまり前例がなく、各新聞がこぞって連日大々的に報道するなど、アメリカ人観光団の動静は、大きな社会的出来事にまでなった。

長崎・神戸・大阪・京都・横浜・東京・日光など各地を回った観光団一行は、どこでも熱烈な大歓迎を受けた。最初の入港地であった長崎では、長崎市民の「雲集せる提灯《ちようちん》は其数幾千万なるを知らず是等《これら》が一斉に港内に在るクリーブランドを目蒐《めが》けて揺動かされたる時はクリーブランドの甲板全員総出の大歓呼」となり、上陸した観光客は、「長崎名物すき焼屋に入て速成日本通を気取る者富貴楼其他に入り芸妓の踊を見て他愛なく喜ぶ者もあり長崎目貫の場所は夜を徹して大陽気」という状態であったという。アメリカ人観光団一行も大歓迎に浮かれて陽気に騒いだようだが、「全市到る処小学生徒が何人《なんぴと》の命もなきに一行を見れば必ず一生懸命挙手万歳を叫ぶ」という有様であったから、長崎市民もかなり興奮状態であったようだ。

神戸に着いた観光客はいくつかのグループに分かれて大阪、京都を見物した。一つのグループは、特別列車で大阪に赴き、大阪城を見て、さらに特別列車で京都に行き都ホテル、京都ホテルに分宿、両ホテルでは「芸者ガール」の踊りや接待を受けた。翌日は、ホテルを訪れた京都市助役から歓迎の挨拶を受けたのち、人力車などで市内の名所を回ったが、「米国小国旗を翳《かざ》せる四百台の人力車市内各所に飛んで到る処万歳歓呼の声に埋められたり」(『時事新報』一月四日)と報じられている。京都もお祭り気分の大歓迎であった。一行は、東京からわざわざ出張した宮内省職員の案内で京都御所を見物し、さらに二条城などを見たのち、市内の骨董商、古美術商などで買い物を楽しんだ。

長崎・神戸・大阪・京都の盛りあがりぶりが伝わると、横浜・東京も黙っているわけにはいかない。『東京朝日』一月四日は、それまで歓迎準備がなかった横浜で、急ぎ具体案をまとめることになったと報道している。『時事新報』によれば、鉄道院は横浜・日光間に臨時列車を運行し、その車輛の入口には緑葉、南天および生花をもって小アーチを作り、室内は五色のリボンで飾ることとした。また、銀座の御木本商店は、イルミネーションで飾られたアーチを作って歓迎の意を表することとしたという。

東京・日光見物

西日本での前景気にのって、各新聞社の取材競争熱も高まった。『東京朝日』、『時事新報』などが、神戸港から記者をクリーブランド号に同乗させて、横浜までの航海中の観光団一行を取材し、東京朝日新聞社は、小汽船を雇って本牧《ほんもく》岬から横浜港に近づいたクリーブランド号を沖合で出迎え、小汽艇から乗り移った記者が各社を出し抜いて一番乗りの取材を果たした。

横浜に上陸した一行は、大谷嘉兵衛横浜商業会議所会頭などの歓迎を受けたのち、数隊に分かれて、東京、日光、鎌倉に出発した。一三日の出港まで、観光客はそれぞれが順序をずらして東京では、浅草、吉原、芝の増上寺、靖国神社、二重橋、日光東照宮、鎌倉大仏などの名所を一通り回ったのである。

一行は、各地で歓迎の人波に迎えられた。たとえば、日光に向かった一〇二名には、栃木県知事以下数百名が各自提灯を手にして途中の宇都宮駅まで出迎え、列車が駅に着くや万歳の歓呼をあげた。日光町では、駅前に日米の国旗を交叉したアーチを作り、さらに各戸は歓迎の意を表するため国旗を掲げたというから町中満艦飾である。さらに、一行を乗せた列車が日光駅に着くと、花火をあげて全町に知らせる騒ぎであった（『時事新報』一月八日）。

歓迎イベント　名所見物以外にさまざまな歓迎イベントも用意された。一部のグループは、一月八日に青山練兵場においておこなわれた明治天皇の観兵式に招かれ、特別席で見物した。天皇の退出後、士官学校教官が観光団の質問に答えたというから、宮内省・陸軍としては異例の厚遇である。

その前日の七日には、大隈重信が自邸の園遊会に一行を招待した。大隈邸の庭には大天幕の立食パーティーが用意され、大隈重信が例によって長広舌をふるい、観光団代表クラークが答礼の辞を述べるというセレモニーがあったが、その後は、神楽、剣舞が演じられ、軍楽隊が奏楽するというバラエティーにとんだ賑やかなパーティーであった。

また、一月八日には、東京市有志主催の歓迎会が有楽座で開かれた。この会では、まず尾崎行雄東京市長が英語で歓迎の式辞を語り、次いで渋沢栄一が日本語で歓迎の辞を述べ、クラークが真情ある歓迎に感謝する言葉で応えた。

儀式のあとは、帝国劇場付属技芸学校生徒による余興がおこなわれた。出し物は、まず旧大名家の婚礼の作法を演じ、次いで「将門《まさかど》」の踊りが行われたが、これは「サムライの芝居」ということで気に入られたという。その次は、元禄花見踊りということで踊り子一〇人の踊りとなったが、舞台一杯桜の釣り枝の間に日米国旗をちりばめたのが大喝采、最後に踊り子一同が舞扇をさっと開くと日米国旗の模様になるという趣向であった。

これで休憩となり、会場の庭には天幕張りの喫茶場が設けられ、渋沢夫人はじめ貴婦人たちがお客の接待にあたった。休憩後の舞台では、「二夕面」という喜劇が演じられたが、来賓の多くが帰ってしまい、数十名しか残っていなかったという。主催者は、いろいろ盛り沢山の余興を用意したが、スケジュールに追われる観光客は、落ち着いて楽しむ時間がなかったということだろう。

見られることと見せること

これほどまでの大歓迎騒ぎとなったのは、大人数の観光団の来日はあまり例がなく、日本人の側でもアメリカ人観光客が物珍しかったのである。

しかし、それだけではない。当時、日本とアメリカの関係は、カリフォルニア州の日系移民排斥問題、アメリカ等の満州の門戸開放要求問題などでかなり緊張していた。アメリカやヨーロッパ諸国の一部では、日米開戦説さえささやかれる情勢であった。東京市民有志の歓迎会でも、日米開戦説が話題となり観光団代表のクラークが「新聞紙上に散見する日米開戦説の無稽《むけい》なるを笑ひ再三感謝の意」を述べたとある。観光団帰国後の三月九日、『時事新報』は社説で日米開戦説を改めて否定し、日本とアメリカとの友好的関係を主張している。こうした情勢にあって、日本の新聞等は、アメリカとの関係に気をつかい、友好的態度を示そうとしたのである。

しかし、こうした直接的な歓迎動機の底には、アメリカ人観光客に日本が欧米並みの文明国であることを見せようとする意識が日本の側に強く存在していたことがあると考えられる。いうまでもなく、外国人観光客が訪れるということは、日本が外国人から見られるということである。しかし、この時期、受動的に見られるという立場に甘んずるのではなく、積極的に自己を見せようとする意識が強まってきたのである。それは、先の世界一周会が、欧米を見ることと同時に、欧米に文明国民である自己を見せるという性格をもっていたことと通じている。欧米に伍す文明国となったと自負する日本としては、それを欧米に承認してもらい、一段と確信を深めたいのである。

前年の世界一周会の旅行において『大阪朝日』はその社説において、アメリカの大歓迎ぶりこそ「一等国の実力あり、一等国の礼容を表見するもの。之《これ》に反し国瘦せ民小なる未開国人は、往々外客に対して倨傲なるものあり。日本は今何れの区域に列するか」と論じたが（明治四一年四月三〇日）、今やアメリカ観光団を迎えて、この言葉どおり一等国であるか、「国瘦せ民小なる未開国人」であるかをためされることとなり、アメリカ観光団を大歓迎することは日本が文明国である一つの証明であることとなる。

文明国の演出と迎合

文明国民として歓迎することになれば、当然その歓迎も文明国らしく、文明の作法に従っていなければならない。そこでは、種々の演出が必要で、前述したように特別列車を仕立て、アーチを作り両国の国旗を飾る、さらに歓迎会・園遊会を催すといった歓迎が準備された。それは、世界一周会が欧米で受けたと同じ歓迎スタイルであり、文明国の作法である。その歓迎は、単一の演出本部のようなものがあって進められたわけではないが、アメリカ人観光客に対して同じ文明国民らしく歓迎しようとする意識が共有されていた結果であろう。

しかし、歓迎のスタイルは、欧米風の演出であったにもかかわらず、観光団を歓迎する余興の出し物は、「芸者ガール」の踊り、あるいは神楽や剣舞であった。これらを誇るべき日本の伝統芸能と考え、アメリカ人に見せたのであろうか。

余興の芸能だけではなく、観光客を案内したのも、日光や鎌倉といった伝統的日本文化の名所であり、また東京市内でも浅草、芝の増上寺、吉原、靖国神社、二重橋などであった。むろん、それらの場所は、日本人にとってもよく知られた名所・名勝であったから、アメリカ人観光客を案内したのも不思議ではない。しかし、日本が文明国であることを見せることが大歓迎の目的であったとすれば、かつての満韓巡遊船の旅行者が造船所や製鉄所を見学したように、文明国日本の誇る最新鋭工場を見せることもありえないことではなかったはずである。

しかし、そうはしなかった。そのような場所の見物は、アメリカ人観光客が期待するところではないことが、日本側では分かっていたのである。東照宮等の歴史的文化のうえに、現在の文明国としての日本があることを見せるべく両面提示をしたといえなくもないが、やはりアメリカ人観光客の日本趣味に迎合したのである。欧米人が日本で見たいのは「芸者ガール」であり、奇妙な剣舞であり、古めかしい寺社仏閣であると想像し、進んでそうした日本を見せようとした。しかも、いかにもアメリカ人観光客が好奇心を持ちそうな吉原までわざわざ案内し、その風俗を見物させているのである。

それは、アメリカ人観光客がもつ「オリエントを支配し再構成し威圧するための西洋の様式」である「オリエンタリズム」（E・W・サイード『オリエンタリズム』）の視線を先取りし、迎合したともいえるだろう。自ら東洋の奇異な風俗を演出し、呈示してみせたのである。卑屈ともとれるオリエンタリズムへの迎合は、文明国である日本を見せようとする意識とは、まったく矛盾する意識である。だが、欧米に対して、そうした矛盾した二つの意識を抱いていたのが、後発帝国主義の日本の状況であった。

恥ずかしいホテル

この矛盾した意識は、日本の欧米並みに達していない部分への過敏さ、恥の意識を引き起こす。クリーブランド号が横浜に入港した当日の一月六日、

『東京朝日』は「大観光団来」と題する社説を発表し、観光団に歓迎の意を表したが、観光団の日程などが窮屈にならざるをえないのは、「東京其他に於ける旅館の不充分なるが為めにして、日本の文明の程度から言へば、頗《すこぶ》る恥かしき事なり」と慨嘆している。そして、当時延期かどうかでもめていた明治五〇年の大博覧会開催計画等とからめて欧米観光客を受けいれられる宿泊施設を整備する必要性を主張したのである。

観光団一行は、東京では帝国ホテル、メトロポール・ホテル、日光では金谷ホテル、日光ホテルなど、当時としては欧米人向け設備を有しているとされているホテルに泊まっているが、そうしたホテルの数は限られており、観光団の規模からすれば不足していた。観光団が数隊に分かれ、それぞれ東京見物、日光見物の日程をずらしたのは、観光団全員が泊まれる宿泊施設がなかったためである。

一九〇七（明治四〇）年発行の『マレー日本案内記』第八版に掲載されている東京のホテルは、帝国ホテルとメトロポール・ホテルの二つだけ、横浜はグランド・ホテル以下七つ、大阪は大阪ホテルと日本ホテルの二つである（『日本ホテル業史』）。ちなみに帝国ホテルは今も健在だが、メトロポール・ホテルというのは、一八八九（明治二二）年にもとのアメリカ公使館の建物を買収して開業したホテルで、築地の旧居留地にあった。このころは、営業不振で一九〇七年に帝国ホテルに買収され、一九〇九年には繁忙期だけの営業になってしまった。

『東京朝日』としては、先年の世界一周会で欧米の豪華大規模ホテルに驚嘆した経験があるだけに、日本の宿泊施設の貧弱さを力説したのも無理もない状況であった。ただ、それを「日本の文明の程度」の問題に還元して論じているところに、「文明国」に見えるかどうかに敏感になっている意識がうかがえる。アメリカ人観光団がまともなホテルもない日本をバカにして見ているのではないかと想像し、文明国の体面を保てない自己が恥ずかしいのである。そして、このように欧米人観光客の視線の先にある自己を想像し、恥を感じる意識は、その後の欧米観光客との関係においていっそう鋭敏になっていく。

第二回アメリカ人観光団の来日と文明国の恥

帝都の体面

アメリカ人観光団の一行は、一月一三日に横浜港を出港し、観光旅行は無事にすんだ。少なくとも、アメリカ人たちも、日本の美しい風景をほめたたえ、日本人の手厚い歓迎に満足を表明していた。このアメリカ人団体の観光は、当時報じられていたところでは、年二回程度の来日が計画され、クリーブランド号は二月に再びアメリカ人観光客を乗せて来日すると伝えられた。また、このころ、クリーブランド号ほど大人数ではないにしても、いくつかのアメリカ人観光客一行が来日することが目立ってきた。

このような動きは、欧米観光団を迎える日本の現状についての議論を促すことになった。『時事新報』一月一九日は、帰国したばかりの第一回アメリカ人観光団歓迎の反省を踏まえて「帝国の体面」と題する次のような社説を掲げた。「外国人が従来日本を以《もっ》て世界の桃源、一種不可思議の国として其《その》評判を伝へたるは昔の事」で、現在では日露戦争の戦勝でむしろ日本を買いかぶる傾向さえある。ところが日本の実態に接してみると失望する者が少なくない。なぜなら「我国物質的の発達が殆ど彼の第二流若《も》しくは第三流の国にも及ばざる所多きは争ふ可《べ》からざる事実にして欧米人が我国に渡来して国民生活の実際を目撃せんには日本文化の程度の自国に比して其余りに低きに驚かざるものある可からず」だからである。ところが、欧米観光客が歓迎の席での挨拶では、必ず日本を礼賛するのが常である。しかし、「此《この》お世辞を以て外国人が真実心の底より我国天然人為の事実に対し感嘆しつゝあるものと軽信せば夫《そ》れこそ大なる間違《まちがい》」であると戒め、むしろアメリカ人観光客などは内心では日本のお粗末な実態を軽侮《けいぶ》していると警告したのである。

そして、当面の問題として「帝都の体面」を整える必要を訴えた。『時事新報』のいう「帝都の体面」とは、雨が少しでも降れば泥濘《でいねい》と化してしまう東京の道路事情の改善である。「彼の米国の観光団の如き滞京の日数少なく匆々《そうそう》東京を辞し去りたるこそ何よりの仕合せ」であったが、もし東京滞在日数が長く雨が降ったりしたら大恥をかくところであったし、「堂々たる一等国の帝都にして斯《かか》る始末にては折角日光の美麗、富岳の秀麗も彼等の念頭より去り唯《ただ》東京に於ける不愉快の感のみ永く旅行中の語草として伝へらるゝ」こととなってしまうところであった。このような劣悪な街路事情は、「欧米の市街に於て斯《かく》の如きは絶えて見ざる所にしてバルカン半島の如き新開国にして偶々《たまたま》見るを得べきのみ」のことなのであるという。

『時事新報』の言説は、先に引用した欧米並みのホテルが乏しい現状を「日本の文明の程度から言へば、頗《すこぶ》る恥かしき事」であると主張していた『東京朝日』社説と明らかに軌を一にしている。日露戦争戦勝によってようやく一等国に列したにもかかわらず、ホテルや街路が劣等であり不潔である、日本が劣等視する満州韓国や「バルカン半島の如き新開国」なみであるのを欧米観光客に見られて恥ずかしいのである。

しかも、実際に欧米観光客が日本を公然と軽侮した発言をしているわけではなく、逆にお世辞をいってくれているのであるが、実は内心では軽侮した眼で見ているだろうと想像し、恥じているのである。そこに、欧米から「日本人は一等国」と認められたいという日本人の屈折した意識が顕れているのである。

第二回アメリカ人観光客の来日

第一回アメリカ人観光団来日から約一か月後の三月二六日、第二回目のアメリカ人観光客約七五〇名を乗せたクリーブランド号が、横浜に入港した。今度は、サンフランシスコから太平洋を渡って直接日本に来たものである。

一行は前回にもました大歓迎を受け、各新聞は観光団の動静について連日大きく報道した。たとえば『国民新聞』は、社会面トップに日米国旗を並べたイラストをいれ「ウエルカム」という見出しを観光団の滞日中毎日掲げている。アメリカ人観光団の来日は、またもや人々の話題となる大きな社会的出来事となったのである。

横浜港では、大谷嘉兵衛会頭以下横浜商業会議所の主要役員が観光団一行を出迎え、大谷会頭が「我が隣人として我が親友として歓迎」すると挨拶を述べ、記念メダルと英文の日本案内記を贈呈した。これに対し観光団代表が謝辞を述べるという儀式があった後、一行はいくつかのグループに別れて、東京、横浜、鎌倉、日光の見物に出発した。

一隊を迎えた新橋駅のしつらえについて『時事新報』は次のように詳しく報じている。「新橋駅前の広場には檣頭《しようとう》に大饅頭《まんじゆう》形の青葉の存せる二本の杉樹を植《た》てゝ左右の柱となし柱身より左右三本の支柱は何れも杉青葉にて包み中央には青葉の額縁を附せる透《すか》しの大扁額《へんがく》を掲げて中には米国旗章の星形の金紙にウエルカムの文字を顕はしたる清楚なる歓迎門を中心とし門の周囲より広場全面には日米の大国旗又は万国国旗を装飾して頗《すこぶ》る美観を極めたり斯《か》くて午前九時過ぎに至れば珍客を迎ふべく集ひ来れる三百余台の人車は紅と白との小旗を附しつゝ駅前に居並びて殆ど広場を埋め尽し」たという。凱旋の兵士でも出迎えるような光景である。

一行が見物したのは、第一回とほとんど同じで、芝増上寺の霊廟、日光東照宮、長谷の大仏、江之島等であった。なかには東京の貧民窟を見たいと言い出す者もいて、案内人を困らせたという。日本側も、一月と同じようにできるだけのサービスにつとめたのである。

二月二八日午後に有楽座で開催された東京市主催の歓迎会では、東京市役所から尾崎行雄市長以下助役など幹部一同、また商業会議所からは渋沢栄一会頭以下大橋新太郎などの役員といった東京市の著名人が打ちそろって出席し、最初に尾崎市長、渋沢会頭の挨拶、クラーク団長の謝辞などがあり、音楽隊がアメリカ国歌ついで君が代を吹奏して式が終わった。その後は余興となって、また旧大名の婚礼の式が演じられた。『時事新報』記者がアメリカ人に感想を聞いたところでは、「綺麗にして静かなる何んとなく花嫁花婿は沈み勝ちにして幸福なる婚礼の様には見えず西洋なれば最も賑かにすべき所なり」との返答であったという。次いで演じられた「娘《むすめ》好《ごの》伊達《みだ》染《ぞめ》小袖《こそで》」という踊りは、浅草観音が桜花で爛漫たる様子を背景にしたこともあって面白がられ、槍踊花の段は、西洋のダンスに似ていると大喜びされた。余興の後は、大橋新太郎夫人などが茶室で饗応した。東京市主催歓迎会は、前回の趣向とほとんど同じだが、いかにもアメリカ人の好みそうな余興を演じてみせたのである。

新聞社主催歓迎会

東京市主催歓迎会と同じ日の夜、帝国ホテルにおいては、国民新聞社、報知新聞社、東京朝日新聞社、時事新報社、アドバタイザー社、ジャパンタイムス社といった東京有力新聞社主催の歓迎夜会が催された。各新聞社は、第一回第二回のアメリカ人観光団の来日を連日詳しく報道してきたが、わざわざ歓迎会まで主催したというのは、アメリカ人観光団に並々ならぬ気をつかっていたことがうかがえる。

招待されたのは、観光団員約四〇〇名、英独仏米伊等一五ヵ国の外交官とその夫人令嬢等約一九〇名、東京の紳士淑女約一〇〇名である。会場の帝国ホテル入口は桜の造花で飾られ、接待室入口では箕浦勝人報知新聞社長とホテル支配人夫人が並んで出迎えた。接待室では、日本画家二人が席上揮毫し、絵葉書にして客に配った。舞踏室は帝国ホテルが新たに新築したもので、この夜会が舞踏開きであった。周囲の壁には桜が一面に描かれ、天井には無数の電灯が輝き「舞踏者の心気を駘蕩《たいとう》たらしむる」雰囲気であったという。定刻に戸山学校音楽隊の演奏が始まると、数十組の男女が踊り出した。観光団のなかの女性や煙草製造で著名な村井商会村井吉兵衛の令嬢などが華やかに踊り、桂太郎首相の三男三郎は、陸軍中尉の軍服姿で見事な踊りをみせたとされる（『時事新報』『国民新聞』『東京朝日』等の記事による）。

欧米の社交界の夜会に匹敵するほどの大夜会であり、かつての鹿鳴館での夜会の再現といえなくもない。しかも、それを新聞社が主催したのである。新聞は言論報道で、日本の政治社会文化等を欧米列強に追いつくことを主張してきたのだが、アメリカ人観光客や外交官を招待する欧米風のダンスパーティーを自ら主催し、日本がすでに欧米風の接待をできるほどの文化をもっていることを自作自演してみせたのである。

夜会から三日後の『時事新報』の「時事放言」欄は、有楽座の東京市歓迎会と帝国ホテルの夜会を比較し、「衷心より打解けて親交を結ばうとするのには、日本式では行けぬ、矢張り彼等の馴れて居る夜会に如《し》くはない」と夜会の効用を主張し、それには日本の女性が交際に馴れ、ダンスを嗜《たしな》む必要があると説き、さらに「今日は最早や鹿鳴館時代ではない、勿論婦人ばかりでなく、苟《いやしく》も夜の倶楽部の立物たる当世紳士が、進んで世界的交際場に立たうとするには、四畳半的の嵯峨《さが》や御室《おむろ》のみに耽《ふけ》らず、舞踏の一手や二手は心得て居ずばなるまい」と論じた。東京ダンシング倶楽部の「数奇者」として知られた桂中尉が、いまやお手本となったのである。

観光客の見た日本

日本人は、第一回アメリカ人観光客の体験などから彼等の視線を強く意識し、なんとか「帝国の体面」を保とうとしていた。帝国ホテルの夜会も、その一環である。しかし、体面を保とうとすればするほど、自らのうちの劣った部分を意識せざるをえない。それが、先の貧弱なホテルであり、泥濘《でいねい》と化す道路であったが、第二回アメリカ人観光客の滞在中、各新聞は前回にもまして劣等感をもつことになった。

『時事新報』の「時事放談」(二月二七日)は、アメリカ人観光団に歓迎の意を表しながら、次のような告白をしている。「我々が彼等珍客を歓迎せんとする毎《ごと》に、彼等に対し衷心汗顔《ちゆうしんかんがん》に堪へざることが色々ある。之《これ》を珍客の前に打明けて、有り体に白状すれば、我国の事物は、まだどうも総《す》べてが世界的でない、万事定めて不自由勝ちであらうと云ふ事である。他事は暫《しばら》く大目に見るとするも、第一適当なるホテルの無き事、第二彼等の一団を歓迎するに足る大集会所のなき事、第三我国民が彼等外客の歓迎に不馴れなる事、此三つは最も不足なる点である」。ホテルの改善については、二月二八日の『東京朝日』社説も論じていた。

ただ、ホテルや大集会所がないことは、新聞が指摘するとおりであったとしても、アメリカ人観光団に対して汗顔に堪えないと恥じているところに、自己に向けられた欧米人の視線に過敏になっている、この時期の日本人の意識が透けて見えるのである。

　それは、アメリカ人観光客に関する各新聞の記事にも見ることができる。新聞は、日本人の視点から基本的には観光客の言動を報道しているのであるが、なかには彼らの側から日本がどう見えているのかと視点を逆転させた記事も少なからず掲載されている。その代表的記事が、『東京朝日』の「米国観光客エス・エス」と名乗る人物の連載記事「東京日記」や漫画「観光団の見たる東京」である。漫画「観光団の見たる東京」は、図4に掲げたが、それぞれ短い説明文がついている。その一は「ドチラに行つても往来止で俥《くるま》（人力車）と而《しか》して我々は途方に暮れる」、その二は「建造物は半《なかば》怪しげな洋風で而も世界一小さい日本人と同じく低くて小さく往来は不規律に広いので何となく大砂漠を旅行して居るやうだ」、その三は「日本は戦争も世界一だが東洋第一の都会銀座通を見れば電信電話の諸線網の如く鳥や鳩が逃げることが出来ぬ下を見れば汚物残骸累々として足の踏み所がない是非俥《くるま》の便をからねばならぬ夏季の観光でなくて仕合せ々々」、「日本は戦争も世界一だが銭湯は男女混浴同様で只々申訳的に中間に一寸《ちょっと》仕切あるのみ不潔な湯で顔を洗つたり口中をそゝいだり尻で推されたり其の不潔さと云ふたら世界一」。その五「東京名物の例の市街を雨後に散歩すると『異人さん御供しませう』と八方から駆寄る俥に泥を海《〔ママ〕》せらる」。

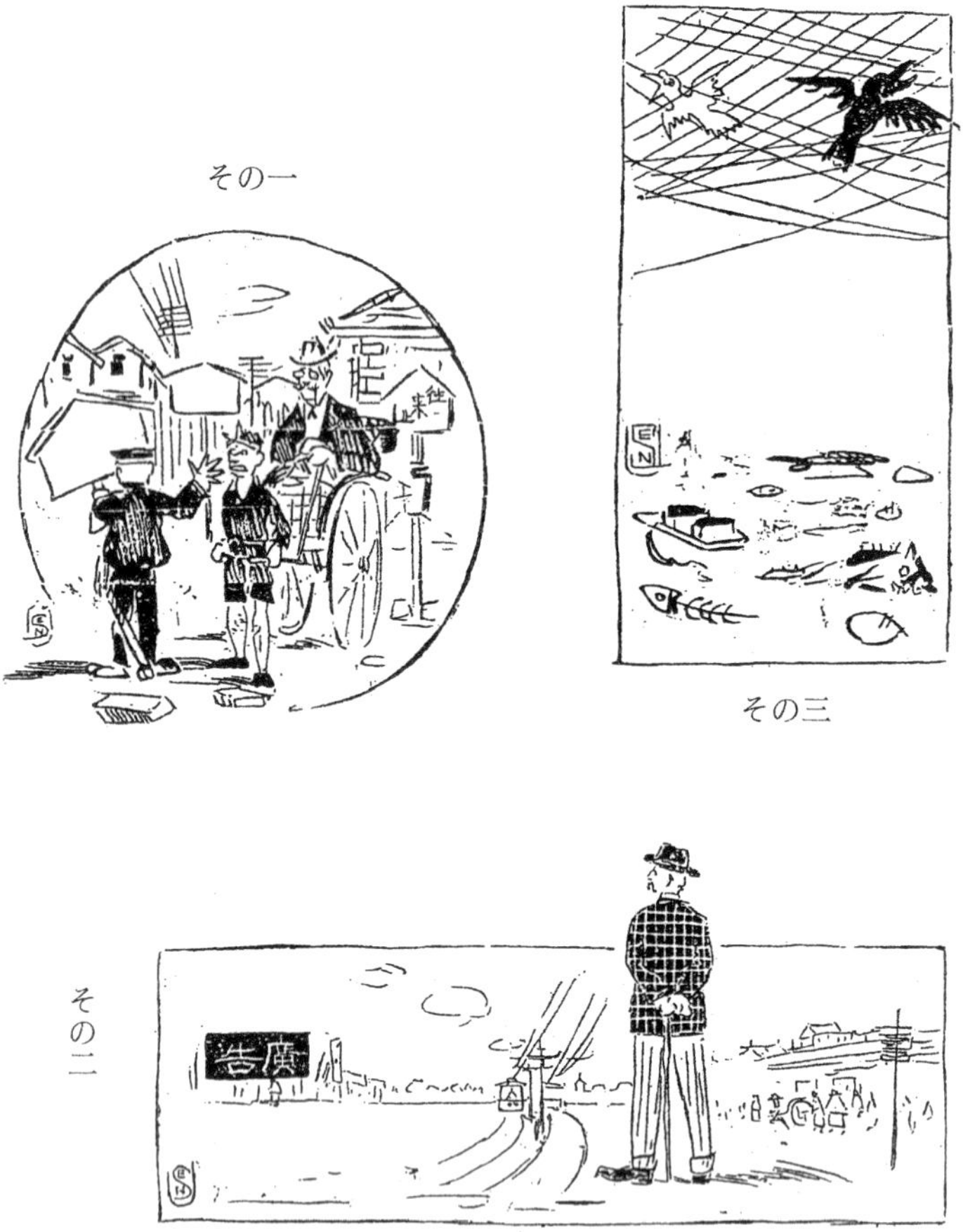

図４　観光団の見たる東京（『東京朝日新聞』明治43年４月２～４日）

いずれも、東京の無秩序、矮小さ、不潔さ等をあげつらったものである。この記事が実際にアメリカ人から取材したものなのか、あるいは記者がアメリカ人の感想を想像して書いたものなのかは分からない。いずれにしろ、アメリカ人観光客が日本をこう見ているとして、自己の未開さ、後進性を卑下し、「帝国の体面」を保つどころか、恥をかいている日本が自虐的に描かれているのである。

いうまでもなく、アメリカ人観光客は、日本を見に来たのである。当然のことながら、日本人はその視線を感じた。しかも、それを文明の視線として感じていたのである。幕末や明治初期であれば、欧米人から眺められても、日本人のほうではまったく別世界の異人の視線として格別恥の意識をもつことはなかったかもしれない。しかし、今や、欧米並みの文明国民と自認するようになったとき、欧米人の文明の視線をこれまで以上に鋭敏に感じるようになった。そして、自己のうちの欧米並みでない部分を過敏に意識し、恥の意識をもったのである。

韓国からの観光団

漱石と外国人観光団

欧米からの観光客が大きな話題となった時期、実は韓国や清国からも観光団などが日本を訪れ別の意味で話題となっていた。アメリカからの大観光団が来日する一年ほど前の一九〇九（明治四二）年四月、夏目漱石はその日記に次のように記している。「四月二十六日　月　曇。韓国観光団百余名来る。諸新聞の記事皆軽侮の色あり。自分等が外国人に軽侮せらるゝ事は棚上へ上げると見えたり。（中略）もし西洋外国人の観光団百余名に対して同一の筆致を舞はし得る新聞記者あらば感心也。（以下略）」（『漱石日記』第二十巻、三〇ページ、岩波書店、一九九六年）。まさに、漱石の予言したごとく、韓国人観光団を軽侮した日本の新聞が、西洋外国人観光団に対してどのような態度をとるのかが験《ため》されたのが、前述のアメリカ観光団の来日であったのである。

韓国観光団来日

漱石が新聞記事への感想を日記に記した韓国からの観光団とは、一九〇九（明治四二）年四月から五月にかけて、京城日報社主催の観光団として来日したもので、韓国人九四名、記者等随行員一四名、合計一一四名というかなり大規模なものであった。『京城日報』は、当時大岡力が社長を務めていたソウルの日本語新聞で、自他ともに認める韓国統監府の機関紙であった。そうした新聞社が組織した観光団であるから、たんなる物見遊山の観光ではなく、政治的狙いをもっていたことは明らかである。観光団メンバーはいずれも韓国政界の有力者で、しかも親日的な一進会に属するものは一人もおらず、反日的傾向が強い大韓協会員が八割がたをしめていた。反日的、嫌日的な韓国政界官界人に日本の強大さを見せ、切り崩そうとする工作であったと考えられる。

日本側は、観光団を表面的にはきわめて鄭重にもてなした。一行は、門司に上陸後、製鉄所を見物。鉄道で広島、神戸を経て大阪に着くと、市役所が花電車をしたて、心斎橋筋十合《そごう》呉服店等に案内した。大阪市内の砲兵工廠等、京都・奈良の名所を見物後、東海道線で東京に向かったが、途中、静岡ではプラットホームを装飾し、列車の着発には花火をあげて歓迎の意を表したという（『東京朝日』）。新橋駅には、大岡力京城日報社長以下東京市名誉職員商業会議所東洋協会会員等百余名、韓国関係貿易商、在日韓国人等数千名数十旒《りゅう》の国旗彩旗をもって出迎え（『国民新聞』四月二三日）、一行は、ただちに人力車百余台に乗って大倉喜八郎邸に赴き、歓迎会に臨んだ。

翌日からさっそく東京市内の王子製紙やサッポロビールの工場、活動写真館等に案内され、また青山演習場では陸軍の発火演習を見学した。さらに五月一日には、明治天皇が、浜離宮で一行と午餐を共にした。韓国の有力者たちであったとはいえ、一新聞社の主催する観光団を天皇自ら食事に招いたのであるから、異例な厚遇である。観光団のメンバーのなかにも「何故に此《かく》の如く歓迎せらるゝか歓迎の裏面には何等かの意味存在せずや猜疑《さいぎ》し居る向もあり」と報じられるほどであった（『時事新報』四月二七日）。

大歓迎の裏にあるもの

アメリカ人観光団に対しても、前述したようなお祭り騒ぎ的な大歓迎をみせていたが、韓国人観光団の大歓迎ぶりは、それとは異質なものであった。観光団が猜疑したとおり、裏面には政治的意図が存在したのである。表面的には韓国人観光団に手厚くしているのだが、それは相手に対してことさら慇懃《いんぎん》かつ鄭重に接することによって相手を威圧しようとする戦術であった。日本側が韓国人観光団に見せようとしたのは、第一に文明化した日本であった。煙突の林立する大阪の工場群、砲兵工廠、王子製紙等が示す日本の工業力。一九〇七年の第三次日韓協約によって軍隊は解散させられ、もはや「今は一兵をも持たぬ」韓国の元軍人を前にして演習で誇示される日本の軍事力。忙しく往来する人々で雑踏する繁華街が表す日本の高度な文化水準。それらを見せることで文明国日本を分からせようとしたのである。第二に見せようとしたのは、日本の歴史であった。韓国人観光団を京都・奈良・日光に案内し、日本の古い建築、古い美術を見せたのである。それは、欧米人観光客の場合のように彼らの異国趣味に合わせたのではない。逆に、日本の優れた歴史的伝統を見せる狙いであった。そして、「千百年の昔から日本の文化は斯く迄《か》発達して居たのだ日本の今日有る因《よ》つて来る事遠しと嘆息した」との感想を韓国人から聞きだし（『国民新聞』四月二四日）、日本側は満足したのである。

文明化した日本と日本の歴史伝統の両面を見せることで、どのような観点から見ても日本が韓国に対して優越しているのかを一行に納得させる、そのように仕組まれた観光旅行であったのである。自己の圧倒的優越性を誇示することで相手を屈服させ、日本の政治的意図、すなわち韓国併合への地ならしをする戦略である。それは、東洋協会主催の歓迎会での伊藤博文統監の演説でも、露骨に語られていた。伊藤博文は、日本と韓国は「今や殆ど一にして門戸開放の必要もなく又機会均等の必要もなし」と事実上韓国の独立を否定し、「今回の来遊は好機会なれば此際十分日本の文物制度人情風俗を視察して善意に之を解決すべし悪意の観察ならば予は諸君に之を為さゞれと勧む」と言い放した（『東京朝日』四月二五日）。韓国観光団は自由に日本を見ることは認められなかった。「善意」をもって日本の文物を視察する、すなわち日本の優越性を認め、ひたすら驚嘆して日本の文物を見る視線を要求されたのである。

伊藤の演説は日本の新聞ではきわめて当然のことと受けとられた。たとえば、『東京朝日』はただちに社説を掲げ、「吾人《ごじん》は此言《このげん》を聞き、直《ただち》に此言の実行を望むの外ある可《べか》らず。何となれば則ち此言に対し、吾人は随喜以上の地位に立てばなり」と日本による韓国合併実現を大喜びで待望したのである（四月二五日「統監演説を読みて」）。

韓国皇太子の歌う軍歌

しかし、歓迎会での伊藤博文の威圧的演説は、日本側からすれば、まだ軽い前触れにすぎなかった。日本側は、韓国人観光団に見せるべく、特別に演出されたショーを用意していたのである。四月二八日、一行は大森の恩賜館に伊藤博文の招きを受けた。一行が着いて後しばらくして、韓国皇太子が侍従らを伴って到着した。少年韓国皇太子英親王は、一九〇七（明治四〇）年一二月に伊藤博文によって日本に連れてこられ、伊藤博文や末松謙澄枢密顧問官の監督のもとで日本式の教育を受けていたのである。観光団は、到着翌日の二三日にも御用邸に参り、謁見《えっけん》していたが、その際にも、皇太子は、「煩瑣なる韓国古代の礼法を廃し凡て新式の礼法」を用いたという（『時事新報』四月二四日）。この日の皇太子も、観光団一行がかつて故国で見慣れた韓国の服装ではなく、カーキ色の少尉服に長靴という服装であった。

まず、伊藤博文は、観光団一行を前に留学中の皇太子の有様を親しく見たいという切望を特にいれて、わざわざこの機会を設けた旨の訓辞をおこない、立食となったが、食事後、韓国皇太子は学友と兵式体操を演じてみせ、さらに自らリズムをとって「煙も見えず波立たず」と、日清戦争黄海海戦での日本海軍水兵の勇武を讃える軍歌を高唱したとされる。これを見て、伊藤博文統監は満足の笑みをみせ、「観光団一行は目を円くして其《その》本国に於ては決して現世に見るべからざる一の幻界演劇に会したるものゝ如く且《か》つ驚き且つ喜べり」と『東京朝日』は伝えている（四月三〇日。他紙も修飾語法に違いはあるが、ほぼ同趣旨の記事である）。

これは、日本側が韓国観光団に見せるべく周到に演出した演劇であった。そして、韓国観光団は、日本の軍服を着て、日清戦争を讃える日本の軍歌を歌う韓国皇太子を「善意」をもって見るよう強制されたのである。『東京朝日』は得意げにこれを「現世に見るべからざる一の幻界演劇」と評したが、韓国人からすれば、これは、『東京朝日』とはまったく逆の意味で「現世に見るべからざる一の幻界演劇」であったろう。

しかも、それは、ある意味では自己を見ることでもあった。日本の新聞は意外なことと報道しているが、韓国観光団のほとんどは、断髪し背広姿で、韓国のツルマキを着用していたのは数名だけであった。釜山で断髪した者が二名いたというが、日本観光にあたっての服装に大きな葛藤があったことは間違いない。だが、多くは逡巡しながらも断髪し洋服を着たのである。それは、ある意味では、日本に対する、あるいはその背後にある西洋への順応もしくは屈従である。韓国観光団もすでに日本化しているのであり、日本化した皇太子を見ることは鏡で自己を見たのと同じであった。それは、二重の意味で屈辱的な体験であったであろう。

少年皇太子の軍歌と体操の後、伊藤博文はさらに「鉄槌《てっつい》的宣言」をなした。日本は韓国皇太子を誠心誠意教育しているのであって、「この機会を利して一毫《いちごう》なりとも我が意を疑ふ者あらば今直に予が面前にて之を言明せよ、予は其姓名を韓皇帝に奏上せん」と宣言したのである。この威嚇に対し、韓国側は、「我々共統監の意を疑ひ申すべきや決して決して」と恐縮して退出したという（前掲『東京朝日』）。演劇は十分効果をあげたのである。

侮蔑する社会面記事

日本側の公的な歓迎は、このように威嚇的ではあったが、表面的には慇懃であった。各新聞は、さまざまな歓迎会や観光団の見物の有様を詳しく報道し、慇懃さの下にある日本側の傲然《ごうぜん》たる態度を共感をもって称揚する論調であった。先の伊藤博文演説を「鉄槌的宣言」と表現した『東京朝日』は、決して批判的な意味で「鉄槌的」という言葉を使っているのではなく、伊藤の強硬な態度を讃えているのである。当然、観光団一行は、卑屈に迎合するか、日本を賛美するものとしてしか描写されない。

観光団一行の見物ぶりを報道する社会面記事になると、慇懃さの底にある〝未開〟への嘲笑がもっと露骨に表面化していた。漱石が「諸新聞の記事皆軽侮の色あり」といっているのは、恐らくこうした社会面記事をさしていたのであろう。たとえば美術工芸展覧会を見学して「貴金属の精密な物は目に止まらず造花や人形類に大喜び」（『国民新聞』四月二五日）、渋沢栄一の案内で王子製紙工場を見学した際には、余興の手品に大喜びで「天一の手品と曲芸は大恭悦で器械や工場は見ても解らぬと思ふに結構と大満足」、「工場を参観して居る間通訳に聞くでは無く器械に目を止めるでは無し質問すると見ても解らぬから見ないとの返答なり」（『都新聞』四月二五日）。諸新聞は、一方で、観光団から日本の工業力等への賛美の言葉を聞き出して自らの優越と彼らの劣等を記事にしているのであるが、他方では彼らには日本の器械や工芸の本当の価値は分からず、子供だましの造花や奇術などを見て感激しているのだと、もう一段低く賤《いや》しめているのである。また、一行ののんきぶり、わけがわからず右往左往する有様なども面白おかしく記事にしている。このような社会面記事の軽侮は、当然、先の伊藤博文等の政治的威圧を下支えしているのである。

歓迎の政治戦略

一九〇九（明治四二）年の韓国人観光団は、日本側が韓国併合という政治戦略の一環として日本を見せるためのものであった。そのために、相手が驚くほどの大歓迎を用意し、鄭重に出迎えた。文明化した日本を見せ、さらに日本の軍歌まで歌う韓国皇太子まで見せたのである。そして、韓国観光団が日本側の提示に圧倒され、驚き、おろおろしているのを見て、大いに満足した。韓国人からは「初めて文明に接触したる事なれば唯《た》だ呆気《あっけ》に取られたるのみにして未だ旧思想を変化するまでには至らざる事と思ふ然《しか》れども日本の文明は聞きしに優る状態にありて到底韓国の企て及ぶべきにあらざる事は一般に感得」したという感想（『時事新報』四月二七日）を聞きたかったのであり、そうした言辞は新聞の格好の記事となった。しかも、日本側は、日本への賛嘆を表する韓国観光団を軽侮していたのである。

韓国観光団を迎えた日本人がもっていたのは、他者の視線の前に積極的に自己を提示し、相手を威圧しようとする態度である。しかし、そこには他者の視線を感じ取る感受性は乏しい。他者の視線は操縦の対象にすぎないのである。こうした韓国観光団への威嚇的自己呈示と他者の視線への鈍感さは、漱石が見抜いた通り欧米人に接したときには表れない。それは、アメリカ人観光団に対しては迎合と恥の意識として逆転して表れる。この表裏相反する態度が、この時期の日本人の外国人観光客への態度であった。

清国観光団

清国観光団の来日

この時期の日本人の外国人観光客への態度を浮かびあがらせる、もう一つの鏡は、アメリカ人観光団とはほぼ同時期に来日した清国観光団への歓迎であった。一九一〇（明治四三）年四月、アメリカ人観光団来日から一ヵ月ほど経って、今度は清国からの観光団二六名が訪れたのである。

この観光団は、奉天の盛京時報社と東山省日報社という二つの主催にかかるもので、清国観光団と称されたが、参加者は満州に限定されていた。『盛京時報』は、一九〇六（明治三九）年一〇月一八日に中島真雄によって創刊された中国語新聞で、当時の奉天総領事萩原守一の財政面・行政面での助力を受けていたという（李相哲『満州における日本人経営新聞の歴史』一二一ページ）。もう一つの新聞である『東三省日報』については資料がなく不明であるが、おそらくやはり日本の外務省出先機関が援助していた新聞ではなかろうか。先の韓国人観光団も統監府の機関紙であった京城日報社が組織したものであったが、この時期には京城観光団、平壌観光団等と日系新聞が組織した観光団が他にも見られ、清国観光団も現地の日本人発行の新聞社が、対日感情融和のため観光団を計画したものである。その背後には日本の外務省の働きかけがあったと推定できる。それは、一行の来日にあたって、当時は外務省通商局長に就いていた萩原守一が談話を発表し、「清国観光団を迎ふるは未曾有のことなれば国民として大に歓迎の意を表するは勿論《もちろん》其視察に対しては懇篤以て之を迎へ全く開放して十分其目的を達せしめざるべからず是《こ》れ軈《やが》て来るべき清国各地の観光団を誘導する所以《ゆえん》にして又日清両国民間に親善なる接触を保つ最も適当の方法なり」と、清国観光団を手厚く歓迎するよう呼びかけていたことからうかがえる（『東京朝日』四月一四日）。

　直接的に参加者を募り、旅費等の援助を与えるなど観光団を実質的に組織したのは、錫奉天総督であった。来日後、団長の汪洋東三省日報主筆が語ったところによると、最初に新聞社が募集した時には応募者は僅か六名しかなかったが、錫奉天総督が計画に賛成し、この年に師範学堂を卒業した学生一〇名を選抜して一切の費用を官給して参加させ、それ以外にも数人の者の費用の一部を負担し督励したという（『時事新報』一九一〇年四月一五日）。実際問題として当時の満州でわざわざ日本観光に赴こうとする動機は乏しく、また仮に動機をもったとしても費用を負担できる者はわずかであったのだろう。結局、成立した観光団は、錫奉天総督と日本の外務省との合作による上からの組織化という性格が強かったのである。

ただ、日本側に、韓国観光団の場合のように、具体的な政治的意図があったわけではない。日露戦争後、清国との関係が必ずしも円滑ではない状況で、先の萩原談話にあるように両国の親善といった抽象的なことが唱えられていた。だが、観光団に冷淡であったわけではなく、官界・諸新聞とも歓迎ムードを盛りあげようとしたのである。特に熱心であったのは『大阪朝日』で、観光団来阪に際して「清国の対日感情」（四月八日）と題する社説を掲げ、「奉天観光団の迎接に就ても、誠心誠意を以て之が歓待に努む可きこと謂ふ迄も無し」、「此機会を利用して益《ますます》両国民間の交情を温め、歓洽《かんこう》の実を挙ぐることに努めざる可らず」と、清国観光団歓迎を力説した。

歓迎の意識

実際、アメリカ人観光団の場合のようにお祭り騒ぎとはいかなかったが、清国観光団も厚くもてなされた。外務省、東洋協会等が旅程や見物場所等を計画し、手配したと推定され、そこには清国に対する日本側の見方が表れているのである。

一行は、四月一三日に大連から神戸に到着、翌月一七日の門司出港まで一ヵ月以上の旅程をたどった。神戸から直に列車で東京に向い、旅程の約半分は東京見物に費やし、復路に折から開催されていた名古屋共進会を見学、その後京都・奈良・宮島を見物し帰途につく道筋であった。これからもこの観光旅行の中心が東京を中心とする日本の文明を見せることにあったことが分かる。

四月一四日の新橋駅到着に際しては、農相代理の秘書官、佐々木安五郎代議士以下、東亜同文会、東洋協会関係者等百余名が出迎えた。以後、一行は東京市内の各所に案内されたが、一行が見物したのは、農商務省陳列館、国民新聞社等新聞社、帝国大学、東京郵便局、電話交換局、発明館、逓信省、上野博物館、動物園、印刷局、日本銀行、東京監獄等であった。こうした見物先の選択は、むろん清国側の希望もあっただろうが、それにしても、アメリカ人観光団とはまったく対照的である。アメリカ人観光団を案内した浅草も芝増上寺、日光、鎌倉などは除外され、かわって、印刷局や郵便局、当時新築なったばかりで東洋一の建築と称した逓信省などを見せたのである。

清国人には文明国日本の最先端を誇示しようとした。そして、各新聞は、このような施設に驚く清国観光団の様子を記事にしている。たとえば、電話交換局に赴き、「一日の総計通話数が三十五万件達するを語りたるに何れも呆気に取られ」、さらに「逓信省に至り館内を巡覧したるが其宏壮にして精巧を極め館内の廊下の長きを通算すれば実に三里に余る東洋一の建物なるに驚嘆したり」(『国民新聞』四月一七日)。日本の文明を見て驚く清国人を日本の新聞と読者は、優越感をもって見ているのである。清国観光団が驚くのを見ることが、彼らを親切に案内した動機だったともいえなくもない。

清国観光団への厚遇は市内各所の見物だけではなく、さまざまな歓迎会が開かれた。到着した一四日には、釆女町精養軒で晩餐会が催された。会場のしつらえは、中国産の紫檀の椅子をならべて食堂を作り、天井からは桜花をつるし、食卓には西洋草花を置き、四方には文人画を配置し、随所に岐阜提灯をつるしてあったという。バイオリンの演奏をバックに晩餐となり、小松原英太郎文相が歓迎の辞を述べた（『国民新聞』四月一六日）。まさに、日本、西洋、中国の三者の様式が混交した歓迎の宴であるが、これは清国観光団とそれを鷹揚に歓迎する日本、両者の背後にある西洋という三者関係を奇妙な形で示しているといえなくもない。

四月二三日、一行は、大隈重信邸に招かれた。アメリカ人観光団も大隈邸への招待をうけたが、これは著名政治家の招待ということで外国人接待の定番の一つとなっていたようである。大隈自身も新聞等で注目を浴びる晴舞台と喜んでいたのかもしれない。清国観光団の場合、大隈重信は「奨励的演説」をおこない、「我邦の発達は我邦の特色を発揮せるものにて欧州文明を咀嚼《そしやく》し之《これ》が応用に力を致せるもの（中略）諸君が欧州の文明を見るよりも東洋化したる欧州文明を我邦に調査することこそ最も捷径《しようけい》なりと信ず」「由来貴国は応用実行の勇気に於て欠如たる所あり須《すべか》らく将来此の欠点を打破」すべしと演説した。これに、汪洋団長が、「有益なる御教訓を聞く将来其意を体し努力奮励すべし」と謝辞を述べた（『東京朝日』四月二四日）。これは、在野の一政治家の儀礼的な発言にすぎないが、かえってそれだけに当時の多くの日本人がもっていた自己認識と対清国認識を自ずから語っているともいえる。

日本が欧米文明を咀嚼し、それを応用し欧米並みに達成したことを誇り、清国はそれを学ぶべきだ、しかも直接欧米に学ぶより、「東洋化したる欧州文明」のほうが、有効だという「助言」である。清国観光団に見せた東京は、まさに「東洋化したる欧州文明」なのである。清国の手本として日本はあるが、日本が手本となりえるのは、日本が西洋を手本としているからである。西洋文明を担保とすることによって、文明化した日本は遅れた清国に対して優越関係をもとうとしている。

優越感の発露

この優越関係のなかで清国を「奨励」することが、両国の親善関係だというのが日本側の考えであった。清国観光団が、日本の開明に驚くのを見るのは、韓国観光団の場合と同様だが、それほどあからさまな軽侮《けいぶ》の調子はなかった。むしろ、満州地方における軍政官らが、「戦勝の余波に乗じて清国官民に対し、傲慢不遜なる」態度をとっていることを戒める意見なども、このころ登場していた（『大阪朝日』三月一五日社説「清国人に対する心得」）。しかし、それは、相手を尊重しているということではない。普遍的文明における日本の優越性という枠組みのなかでの日本の善意の表現であったのである。

そこでは、清国観光団が本当のところ日本をどう見ているのかは、さほど気にしていないのである。観光団一行を和風の旅館に案内し、純和風の食事を出していた。アメリカ人観光団には、ホテルの貧弱さを恥ずかしいと感じたが、清国観光団には和風旅館でも、泥濘《でいねい》の道路でも別に気にしたことはなく、まして恥ずかしいという意識はなかった。アメリカ人観光団に対する意識と清国観光団・韓国観光団に対する意識とがまったく異なり、いわば二重基準となっていたのである。

欧米の視線と恥の意識

欧米の文化を内面的な罪責感にもとづく「罪の文化」、日本の文化を外面的な「恥の文化」だとするR・ベネディクトの有名な定式がある。恥とは、「他の人々の批評に対する反応である。人は公開の場で嘲られたり、また拒否されたりすることによって、あるいはこっけいもの扱いにされている自己自身を想像することによって恥じる」ことだと規定されている（長谷川松治訳『菊と刀』）。これに対しては、ベネディクトの方法の素朴さについて、あるいはその基底にある欧米文化優位の価値観などさまざまな観点からの批判が出されている。

また、作田啓一は、われわれが恥の意識をもつのは、「他人の一種特別の注視のもとにおかれたとき」であると、より一般的な恥の概念をたてようとしている。「特別な注視」とは、普遍化して見てほしいときに、個体化して見る視線、逆に個体化して見てほしいときに、普遍化して見る視線である。「人間は普遍的な存在としてもカテゴライズされるし、個別的な存在としてもカテゴライズされうる。あなたが普遍者として見られることを期待している時、他人がそのような存在としてのあなたを注視しても、羞恥は起こらない（モデルあるいは患者の場合）、（中略）羞恥が生ずるのは、普遍者として取扱われるはずの状況のもとで、個体として注視されたり、個体として取扱われるはずの状況のもとで、普遍者として注視を受けた時だ。たとえば患者であるはずのあなたが個体として眺められたり、個体的な生の体験を恋愛の一ケースとして観察されたりしたら、あなたはきっと恥ずかしい思いをするだろう」。「普遍化と個体化という二つの志向が、自己と他者とのあいだでくい違う時、羞恥が生ずるのである」という（作田啓一『恥の文化再考』筑摩書房、一九六七年）。

志向の食い違いに着目する作田の恥の概念は、欧米観光客に対して日本人が感ずる恥を考えるうえで参考となる。当時の日本人は、文明の一員として日本を普遍的な存在として見られることを期待していた。しかし、欧米人から自分の劣等な部分を見られ、非文明な存在として見られたとき、強い恥の意識をもったのである。見られたというより、むしろ、そう見られていると想像し、恥を意識したといったほうがいいかもしれない。

それだけ、日本人が欧米人の注視に敏感であったのは、超大国イギリスと日英同盟を結び、軍事的には大国ロシアに勝利したと誇り、また物質的には文明化したといいながら、十分な確信をもてなかった、あるいは十分そう認知されていないのではないかという不安をもっていたからである。文明化の基準が、自らのものでなく、欧米のものである以上、自分の判断だけでは確信にはいたらず、常に欧米の視線を気にしなければならなかった。

そうした不安は、清国人、韓国人に対したときは、文明の普遍的な存在として尊大な態度となる。〃未開〃である彼らとは、別集団に属していることが自らが文明国民である証しであるから、彼らに対しては表面的には親切・寛容な態度を示すことで、実質的には疎隔した関係をもとうとする。したがって、〃未開〃の清国人・韓国人の視線には、きわめて鈍感であった。欧米観光客には恥ずかしいことも、清国観光客・韓国観光客には恥ではなかったのである。

第二回世界一周会と日英博覧会

世界一周旅行、再び

トマス・クック社の企て

一九〇八（明治四一）年の世界一周会は、メディアのイベントとして大きな話題となっただけでなく、世界一周がたんなる夢物語ではなく、日本人にとって現実に可能な旅行であることを示した。それが、トマス・クック社にとって大きな宣伝となったことは間違いない。翌一九〇九（明治四二）年、今度はトマス・クック社単独の事業として世界一周旅行を企画し、参加者を募集した。新聞広告によれば、旅程は、ハワイ、アメリカ各地、英国、フランス、スイス湖水、イタリア、オーストリア、ドイツ、ロシア、シベリア鉄道経由帰国で、三月二〇日出発、七月六日で帰国一〇七日の世界一周である。朝日新聞社主催の世界一周会に比較して日数では約半月ほど長く、また訪れる場所もやや多い。ただ、費用は三二五〇円と発表されており、朝日新聞社主催の費用が二一〇〇円であったのに比べ、約一〇〇〇円も高くなっている。

募集広告によれば、申込所としてトマス・クック社のほかに東京京橋区日吉町の内外仲介社と神戸仲町東洋広告取次会社があげられている。広く営業的活動をおこなうにはトマス・クック社だけでは不十分で、東京や関西の仲介業者と提携する必要があったのであろう。また、『東京朝日』三月七日には、世界一周会に同行して無報酬だが会費免除の条件で通訳業務を担当する者を急募する「通訳者入用」という広告が載っている。通訳の必要ははじめから分かっていたはずで、出発間際になって急募するというのは、計画が十分練れていなかったことがうかがえる。

結局、この世界一周会に応募したのは、通訳をいれてわずか六名であった。トマス・クック社として採算がとれたかは不明である。海外旅行が話題になったとはいえ、世界一周となると費用や日数等の負担が大変で、そう簡単に参加者が集まるわけではなかったのである。この一九〇九年のトマス・クック社主催世界一周会の状況は、前年の朝日新聞社主催のそれが新聞による話題作り、新聞社の組織力などによって多数参加者を集め得たことを裏側から示しているといえる。この時期、大規模な海外観光旅行は、新聞社と提携してイベント化しなければ成立しにくかったのである。

ただ、この時の世界一周旅行の参加者は少数にとどまったが、話題となる人物が参加していた。一人は、朝日新聞社員の渋川柳次郎（玄耳《げんじ》）である。渋川は、当時『東京朝日』の社会面改革を中心になって進めていた記者で、それまでの芸能ネタや噂話等を主とする小新聞《こしんぶん》流の軟派記事から脱却し新しい社会面記事を作りだそうとしていた。また、藪野椋十《やぶのむくじゅう》という筆名で、『東京朝日』に「東京見物」、『大阪朝日』に「上方見物」という読み物を連載し、人気を博していた。朝日新聞社の社告では、「我社はトーマス・クック社の催しに係る世界一周会の趣旨を賛し之に同行せしむる」とあるので、前年来の両社の関係から、トマス・クック社主催の世界一周に渋川を同行させ、旅行記を書かせようという企画であったとみられる。実際、渋川の旅行の動向は、電報等によって速報され、さらに『東京朝日』四月二九日から藪野椋十の名前で「世界見物」と題する旅行記が連載された。

またもう一人は、田辺英次郎という二五歳の銀行員で、彼は帰国後、『世界一周記』という旅行記を出版した。旅行記から、銀行員といっても資産家の息子であったことがうかがえる。いずれにせよ、渋川と田辺の二人の旅行記によって、この世界一周会の旅行は詳しく知ることができる。彼らの体験は朝日新聞社主催世界一周会と重複が多いので、ここでは割愛することにするが、二人の旅行記が海外旅行への関心を高めたことは間違いない。

「平和の新年・平和の旅行」

翌一九一〇（明治四三年）年初めは、前述したアメリカ人大観光団さらに清国観光団と、外人観光客の来日が相次ぎ大きな話題となっていた。そこに、朝日新聞社が、元旦紙面で第二回目となる世界一周会の企画を大々的に発表した。

これは、二年前の世界一周会の成功をうけたものだが、今回はこの年の五月にロンドンで開催される予定となっていた日英博覧会見物を旅行の大きな目的に掲げていた。

元旦の『大阪朝日』は、その社説で、「外政を観るに、四海一家、何等険悪の患《うれい》なく、明治四十有三年は太平の瑞象《ずいしょう》頗《すこぶ》る多し（中略）吾社は此（注―日英博覧会）盛況を睹《み》るべく、観光団を組織し、序《ついで》に世界を一周す」と述べ、また『東京朝日』社説は「平和の新年」と銘打ち、「吾人が世界の平和を予言して疑はざる所以《ゆえん》にして、而《しか》して亦《また》此平和を守り、且《かつ》平和の永続が贈り来る可き幸福を希望して已《や》まざる所以なり」と世界の平和を讃え、「世界一周会を再たびして、主として日本と平和を共にする我同盟国を訪ひ、又重なる友邦の首府に入り、平和を愛する日本人の仕事として恥かしからぬ平和の旅行を催す」と企画の趣旨を語った。両社説からは、きわめて楽観的で「平和」を謳歌する気分がうかがえる。第一回が「欧米列強との対等の交際」という意気込んだテーマを掲げていたのに比し、第二回は「平和の旅行」と太平を楽しむことがテーマとなったのである。

「平和」や進歩を楽観的に謳歌する言説は、この年の各新聞正月社説に共通してみられる傾向であった。たとえば、『国民新聞』は、「平和の年頭に立て、先づ吾人の眼に映ずるものは、我が国運の発展、我が国勢の伸暢是也《これなり》、（中略）我国は、対外的関係甚だ円滑、国内状態甚だ平和にして、康寧《こうねい》を楽しみ、平和の甘味を快喫し。而して国勢は、内に充ちて、外に向つて伸びむとす」（二月五日「国家の進運と国民」）と論じ、『時事新報』も、「我国勢は唯ますます前進進歩の一方のみ一時の不景気の如き健康体の人が時に軽微の風邪に襲はるゝに等しく毫《ごう》も懸念するに足らず」（二月一日「新年所感」）と唱えていた。帝国日本の昂揚感がいっそう高まり、大波に乗った楽観気分が広まっていたのである。

日英博覧会見物

この上昇気分の一つの表れが、この年の五月、開かれることになっていた日英博覧会であった。日英博覧会が開催されることになった経緯については後で述べるが、諸新聞雑誌は、基本的にこれを日本の国威発揚、たんに産業通商だけでなく、政治・文化面での日英両国の関係強化の機会ととらえていた。『朝日新聞』社告は、日英博覧会は両国の貿易に資するのみならず、「之に依て両国国民の接触を図り（中略）国家の日英同盟をして更に国民の日英同盟たらしめんとするの意に外ならず、此点より推して今回の博覧会は一種政治的の意味を含めりと言ふも妨げず」（一月四日社告）と述べ、日本国民が親しくイギリス国民と接するために旅行会を組織するのだと意義づけたのである。

元旦号社説と同時に掲げられた「日英博覧会見物世界一周会」という社告は、日数往復八五日、会費一九五〇円、四月六日横浜出帆の地洋丸で出発という基本事項を発表し、以後の紙上で詳細が発表されていったが、それによれば、ハワイ、サンフランシスコ、シカゴ、ナイアガラ瀑布、ニューヨークと五月七日までアメリカを巡り、その後大西洋を渡って五月一五日ロンドン着、六月二日まで二〇日間ロンドンに滞在し日英博覧会などを見物。六月三日にロンドンを発ち、パリ、ベルリン、ペテルスブルグを経て、シベリア鉄道でウラジオストックに至り、六月二八日敦賀帰着という旅程であった。例によって全行程でトマス・クック社の添乗員が一名ないし二名つくことになっていた。第一回の旅程をほぼ踏襲しているが、第一回の当初予定日数九〇日と比べ若干短く、しかも日英博覧会見物のためロンドンに二〇日間も滞在するため移動が少ない。そのぶん会費一九五〇円も、第一回の二一〇〇円に比較してだいぶ安くなっている。前述のトマス・クック社主催の世界一周会の三二五〇円よりさらに安い。朝日新聞社としては日英博覧会見物という目的を重視し、他の旅程をやや簡略にしたのであろう。

会員数は、三〇人以上五〇人までとされ、第一回とほぼ同規模の予定であった。参加希望者は二月一〇日までに東西の朝日新聞社に申し込むことになっていたが、この間連日世界一周会関係の社告が掲載され、大々的な宣伝キャンペーンが展開された。朝日新聞社は、はじめから「本社は会員の成るべく広く各地に渉《わた》り各般の職業に渉らんことを希望するが故に其の選択及び団体編成の権を保留する」として、応募者を一定の基準で選考することをうたって、できるだけバラエティーに富む会員構成にしようとしたことがうかがえる。また、一月二九日『東京朝日』掲載の社告では、「今日迄未だ一人の婦人会員の申込を受けざるは、本社の甚《はなは》だ遺憾とする所なり、奮って御申込あらんことを希望す」と、女性の参加者を募っている。もともと、第一回の際には、申込者の条件として、女性は必ず同伴者が必要である旨明記されていたが、今回の申込手続きには、そうした条項はなかった。女性の自由な参加をもとめるために、あえて条項をはずしたのか、あるいは同伴者随行は自明と考えて明記しなかったのかは分からないが、第一回の際には女性の参加者が人気を博したことなどから、今回も女性の参加者を望んだのであろう。

世界一周会会員

二月二〇日には確定した会員として四九名の氏名が発表されたが、ほぼ定員を充たしたことになる。わずか五名しか集まらなかったトマス・クック社の世界一周会と比べると、やはり新聞の宣伝が効果を発揮したのである。ただ、いったん発表された会員氏名は、その後若干異同があり、最終的に旅行に出たのは五二名であった。また、今回は朝日新聞社記者が五名同行することになっており、総計五七名。前回の会員五四名、記者二名に比べ、一名増となっている。

会員の構成を見ると、すべて男性で、朝日新聞社の期待にもかかわらず、女性の参加者はいなかった。住所別を表6に掲げたが、東京と大阪の二大都市在住者が三五名、約六五%を占めている。最も多いのは東京で一八名、次いで大阪の一七名となっている。満韓巡遊船、第一回世界一周会と常に大阪在住者が最多で、東京在住者が多くなったのは今回が初めてである。ただ、全体として西日本在住者が多いのは、これまでと同じで、後に朝日新聞社が会員を関西の部、関東の部に分けて編成した際には、関西の部が三三名、関東の部が一九名となっていた。

職業は自称であるので分類し難いが、株式仲買人・各種卸商・問屋など都市の商業者、銀行関係、製造業者が多い。身分等は不明だが、いずれもそれらの会社・商店の所有者・経営者層と推定される。農業、漁業関係者は一人だけである。医者、薬剤師、弁護士、技師、教員等の専門職を名乗る者が四名おり、これも会員の都市的性格を示している。また、市議会議員、市参事会員等の公職者が七名もいる。

納税額が分かる会員は、二〇名だが、所得税と営業税の合算が一〇〇〇円を超えているものが三名もおり、全体をみても、前回同様相当の高額納税者ばかりである。会員の社会属性は第一回と基本的大きな違いがあったわけではなく、都市を中心とする富裕有閑層中心であった。

会員懇親会　会員氏名発表後、会員たちは情報交換と懇親のため東京在住者を中心に懇親会を三月一五日に帝国ホテルで開催した。当日は、折から上京中であった関西会員も含め二〇名の出席があり、乗船予定の地洋丸に水野総領事一行ら乗客が乗り合わせるなど満員が予想されるため、特に東洋汽船会社員から船室等についての説明や、トマス・クック社横浜支店長、朝日新聞社員などから旅程等の説明を聞いた。ただ注目されるのは、出席者が旅程延長の「内決議」をおこなったことである。この「内決議」を朝日新聞社が受けいれることになり、当初の予定より三週間も旅程を延長することとし、七月一八日帰国という変更がおこなわれた（三月二六日社告）。

井内太平	徳島市	商業会議所会頭、市参事会員、呉服商	
野々山幸吉	東京市	東京市会議員	◎186
矢橋亮吉	岐阜市	大理石製作業、赤坂銀行重役	
八木富三	名古屋市	八木合名会社重役、呉服太物商	
安田善雄	東京市	安田銀行員	善次郎◎7975
安田善五郎	東京市	安田銀行員	
山本慎平	長野市	長野新聞記者	
古川　俊	佐賀県東松浦郡	唐津病院長	
伏田清三郎	大阪市	鉄工業	◎197、×67
越亀太郎	大阪市	三昌商会主、莫大小製造業	
小坂順造	東京市	信濃銀行重役	
尼崎熊吉	大阪府泉北郡	堺紡績会社重役、堺信託会社長	
浅見又蔵	滋賀県額田郡	太湖汽船会社長	
安藤新太郎	兵庫県明石郡	代議士、海運業	
沢野貞次郎	兵庫県武庫郡	米穀株式仲買人	×71
御船綱手	大阪東成郡	画家	
溝渕正気	東京市	東京市参事会員、中外アスファルト会社重役	◎41
宮本　勝	東京市	貴金属商	◎156、×163
清水十二郎	香川県小豆郡	醬油試験所技師、工学士	
志水　直	東京市	退役陸軍歩兵大佐	◎53
杉田與之助	大阪市	木炭問屋	
西村時彦		朝日新聞社	
岡野養之助		朝日新聞社	
土屋元作		朝日新聞社	
佐藤眞一		朝日新聞社	
清瀬規矩雄		朝日新聞社	

(『日本紳士録』〈第十五版・明治43年〉より作成。◎所得税×営業税)

・本人の姓名の記載はないが，同一住所で同姓別名の記載のある場合は，親子・兄弟と推定し，記載ある者の納税額を記した。

表6　第2回世界一周会会員

会員姓名	住所	職業	納税額
石川文右衛門	大阪市	呉服商	◎330、×806
岩田松之助	大阪市	綿糸商	
池田兵次郎	大阪市	油卸商	
石丸龍太郎	東京市	製油会社重役	
伊藤善之助	大阪市	内外発明品商	
八田兵次郎	大阪市	株式仲買人、明治信託会社重役	
浜崎弁之助	大阪市	株式仲買店員	永三郎◎458
浜野一郎	東京府	学生	
西尾寅次郎	大阪市	日本冷蔵会社技師	
西川奈良蔵	大阪市	煙草卸商	
外山捨蔵	大阪市	銀行員、法学士	
中鉢美明	東京市	市参事会員、弁護士	
岡松忠利	京都市	北浜銀行支店長	◎32
長部文次郎	兵庫県武庫郡	酒造業、敦賀電灯会社長	
風間八左衛門	京都府葛野郡	水力電気会社重役、農林業	◎444、×29
川邨佐蔵	大阪市	内外綿会社員	利兵衛◎367
柏木幸助	山口県佐波郡	薬剤師	
加藤木重教	東京市	電気工師	◎336、×391
吉村銀次郎	東京市	東京市会議員、春日銀行重役	
吉井正輝	東京市	学生	
高田久右衛門	大阪市	唐紅花商	◎1370、×197
田山宗尭	東京市	出版業	◎150
高木藤七	東京市	酒問屋	◎193
田辺貞造	兵庫県武庫郡	大阪商船会社員	
角田真平	東京市	市区改正局長、大日本博覧会理事官	
鶴岡庄七	東京市	本郷煙草元売捌合資会社重役	◎44
中村新太郎	高松市	商業学校講師、法学士	
中沢武兵衛	佐賀県東松浦郡	芳谷炭坑支配人	
中島喜三郎	東京市	料理業	◎82
梅原徳次郎	大阪市	有価証券売買商	×93
宗方小次郎	熊本市	東洋協会幹事、東亜同文会評議員	

こうした動向からは、会員たちが旅行に対してかなり意欲的で、しかも自分たちの希望で旅行を組み替えようとしていたことがうかがえる。組み替えたポイントは、一つはワシントン、ボストンの訪問を可能にするようにアメリカ滞在を一週間増やしたこと、もう一つはスイス、イタリアを旅行するために二週間とることにしたのである。この変更によって、第一回世界一周の旅程とほぼ同じとなり、結果的にはロンドンでの日英博覧会見物日数は若干短縮となった。前回にも旅行の途中で会員の希望によって旅程を変更したが、今回の場合は事前にかなり大きな変更をおこなったことになる。

ここには、主催者と参加者の若干のズレが見られる。朝日新聞社にとって、世界一周会はあくまでメディア・イベントであるから、今回は前回との違いをはっきりさせ、参加者ばかりではなく一般読者の関心をひく旅行を作る必要があった。そこで、今回は世界の中心であるロンドンで日本の国威を発揚する場である日英博覧会見物を主眼として、他所《よそ》の見物は少し簡略した。しかし、参加者は世界一周に出かけるのであれば、日数や費用を余計にかけてでもさまざまな名所を見物しようという希望が強く、そのためには日英博覧会見物を犠牲にしてもかまわないと考えていたようである。参加者にとって、日英博覧会見物は世界旅行へのきっかけあるいは理由づけではあったが、いったん世界旅行にでることになれば、ロンドンで日本の物産の展示を見るより、旅行そのものを楽しもう、少なくも前回並みの旅行を楽しもうとする意識が強まってきたともいえる。

快楽としての旅行

ここに浮かんできた楽しみとしての旅行という考え方は、朝日新聞社も認めるようになった。世界一周会の横浜出航当日の四月六日、『東京朝日』は、「第二回世界一周会」と題する社説を掲げ、「旅行は人生の一快楽なり。而《しか》して未知未見の国に遊ぶは、啻《ただ》に快楽を得るの道たるのみならず、又《また》学問上の裨益を取るの道なり。（中略）とは言ふもの丶、余り六個敷《むずかし》き学問上の裨益を此の短日月の旅行にて十分に取り入れんとすれば、却《かえっ》て為《ため》に快楽を減ずる事ともなる可《べ》きにより、主として快楽を得るに専《もっぱ》らにして、而して其間に取り得らる丶だけ、新知識を取る事として可なり」と、快楽としての旅行を肯定した。そして、「快楽だけを目的としての旅行頗《すこぶ》る可なり。日英博覧会の見物も、快楽のためとのみ心得ても可なり」と述べている。

旅行の大きな動機が、未知未見の異郷に遊ぶ快楽にあることは、今さら『朝日新聞』が説くまでもないことで、満韓巡遊船や第一回世界一周会に参加した多くの人々が、そうした私的動機を持っていたことは明らかなことである。しかし、当時にあっては、多大の経費と時間を要する海外旅行を快楽だけを公然と掲げて実行するには、まだまだ社会的合意がなかったのである。そこで、新聞の言説が、海外旅行を社会的意義あるものとして正当化し、それをバネとして旅行に赴いた。ところが、その朝日新聞社が、日英博覧会見物等の目的を大きく掲げてはいるが、快楽を目的とする旅行を肯定しだしたのであるから、旅行についての意識は少しずつ変わる兆しが表れたといえるだろう。

しかし、それは、朝日新聞社や旅行者たちがそれまで標榜《ひょうぼう》してきた国家主義的旅行意識が消滅したことではない。依然としてそうした意識は広く存在していた。たとえば、『時事新報』は、日英博覧会に出かける旅行者たちに観光遊歴の意義を説きながらも、「我輩の恐るゝ一点は我国には昔より旅の恥はかき捨てなぞ云ふ諺《ことわざ》さへある如く一歩郷関を出づれば行儀作法に無頓着」といった風潮があることを警告し、これは「一国の体面に関する次第」であるから、海外旅行に出る者は「日本の国土を去ると同時に銘々に日本国の無官の大使にして一身にて日本国民を代表する覚悟」をもつことを要望していた（社説「外遊者に勧告す」一九一〇年五月二三日）。

世界一周会出航

四月二日、世界一周旅行会の関西会員二七名と朝日新聞社の西村時彦（天囚）、土屋元作（大夢）、岡野養之助（告天子）は、神戸港から地洋丸に乗り込み、いよいよ世界一周旅行に出航した。今回の乗船は、東洋汽船会社の地洋丸という客船である。東洋汽船会社は、一八九六（明治二九）年に浅野総一郎が創立した汽船会社で、一八九八（明治三一）年からサンフランシスコ航路を開き、一九〇八（明治四一）年からは地洋丸など一万四〇〇〇トン級の客船を次々就航させるなど、日本郵船、大阪商船につぐ汽船会社として力をつけていた。地洋丸は、そのなかの一隻で、総噸数一万四〇〇〇トン、速力二一ノット、前回のモンゴリア丸と比較すれば小さいが、それでも最新鋭の豪華船であった。

当日、大阪梅田駅は朝日新聞社関係者や会員の見送り人でごった返し、一行は特別に増結した車輌に分乗して神戸三宮駅に赴いた。メリケン波止場周辺には、会員や見送り人のために大テントが張られ休憩所となったが、会員のなかには個人的に休憩所を用意したものもいたというから、会員の資力がうかがえる。一行はランチの乗って沖合に停泊している地洋丸に乗船し、夕方六時解纜《かいらん》した。

船は翌々日四日、横浜港に入港、そこで関東会員、関西会員の一部、朝日新聞社の佐藤真一（北江）が乗船した。合計五六名全員がそろったのである。出航の六日は、清国親王一行の同船も重なって、埠頭や船内は大混雑となったという。そのなかを地洋丸は大勢の見送り人の歓呼のなかを出航した。

東西の『朝日新聞』は、写真入りの記事で一行の出発を報道し、前途を祝する社説を掲げているが、第一回と比べると意気込んだ調子は少なくなってきている。二回目なので、主催者側も馴れてきたこともあるし、前述したように旅行に対する意識がやや変わってきたこともあろう。

旅行通信

今回の旅行には、四名の記者が同行し、さらにアメリカから一名記者が参加することになっていたから、同行記事は前回より多彩である。最も多くの記事を掲載したのは西村天囚で、彼はほぼ全行程を記事にしている。それに岡野養之助、佐藤真一が時折加わるというかたちである。土屋大夢は、神戸出航の際、「出発に臨みて」という短い記事を載せただけで、今回も同行記事は書いていない。ただ、他の記者の旅行記事からは、英語が堪能である土屋が旅行団全体の事務局的な役割を果たしていたことがうかがえる。

一行の旅行の様子は、これら記事によって詳しく知ることができるが、記事の掲載はだいぶ遅れ、西村天囚のハワイ到着までの地洋丸航海中の模様を記事にした「前太平洋（一）」が『東京朝日』に載ったのは五月二日で、一行はすでにボストンに着いていた。以後も約一か月近い遅れがあった。ただ、主要都市への到着や動静に関する簡略な記事は電報によって、一日か二日遅れで速報されているのは、前回と同じである。

ただ、今回の場合、地洋丸の無線電信によって、毎日毎日洋上の航海の様子が伝えられた。第一回世界一周の際のモンゴリア丸も無線電信設備を備えていたはずが、自由な使用を認めなかったのか、横浜出航後は電信記事はなく、ハワイからの発電でようやく到着を報道したことからすれば、今回は航海中の動向まで伝えられたのであるから速報性はだいぶ向上したのである。たとえば、四月九日の『東京朝日』には、「地洋丸無線電信」として八日午後六時三七分落石無線電信局発電の地洋丸第一報が記事になって載っている。これは、約二八八字の記事で、地洋丸の現在地や気候などを報じた後、会員が船中の生活にも馴れ、航海を楽しんでいること、朝日新聞社からの無線電信を直ちに印刷して会員に配布し、土屋大夢がそれを英訳して会員外の外国人船客にまで配っていることなどを伝えている。

無線電信の様子は西村天囚の記事「前太平洋（三）」にも詳しい。やや長いが当時の船舶無線の様子が分かるので引用しておこう。

無声に聞き無形を視るは、東洋理学の高談のみと思ひきや今は千里を隔てたる洋上に在りて、日毎に陸上の出来事を聞得べしとは、扨《さて》も有難き御代ならずや、我が地洋丸は六日の午後五時銚子無線電信局の圏内に入りてより、一千四百五十哩《マイル》を航したる十日の午後十二時至る迄、受信発信並に自由にして、故郷の家族朋友と通信を交換したりき、船中にては毎日東洋日報と題する英文の一小新聞を発行して船客の覧に供せしが、我が朝日新聞より世界一周会のために発せし重要出来事は、朝日新聞特電として和洋二文に訳載せり、会員の受取りし無線電信中には、発句もあり、戯言もあり、千里相隔つるも、晤語《ごご》の思ひを為すは、文明の賜無限なり、船内なる無線局員の語る所に拠れば、日本よりの受信百四十五通、本船よりの発信二百四十余通に及べりと、斯《か》くて娑婆世界との交通を絶つこと、十一、十二、後十二、十三の四日間に過ぎずして、十四日の夜よりは又もホノルルとの通信を開始せり、布哇《ハワイ》無線局の位置は桑港《サンフランシスコ》方面に便にして、ホノルル桑港間は千四百海里を有効距離と為すも、日本航路方面は、通常一千海里を以て有効距離と看做《みな》せり、然《さ》れど十三日の夜は、空中電気の妨害の為に、通信不可能に属し、又布哇局は夜間八時より十一時頃迄の開局なるを以て十四

日の夜よりこそ布哇との無線電信を開始したるなりけれ。(『東京朝日』五月四日)

これによれば、日本とハワイそれぞれの無線の有効距離が及ばない太平洋のまんなか海域以外は、船客は自由に発信受信し、家族とも通信の交換ができたし、最新のニュースも読めたのである。

アメリカ旅行

一行は、ハワイを経て四月二二日にサンフランシスコに到着。ソルトレークシティー、シカゴ、ナイアガラ瀑布、ボストン、フィラデルフィア、ワシントン、ニューヨークとアメリカ各地を歴訪した。第一回旅行会とほぼ同じ旅程である。

この旅行ぶりを伝える西村天囚ら同行記者の旅行記事からは、前回よりずっと余裕をもった気分で旅行している様子がうかがえる。これは、前回の同行記者杉村楚人冠と今回の西村天囚の個性の違いという面もなくはない。同行記者の土屋大夢は二回目で馴れていたし、トマス・クック社も二年前の旅行で日本人観光客の扱いに馴れたこともあろう。しかし、ただ馴れの問題だけではなく、記者や旅行者たちが前回ほど力んだ意識を持っていなかったことがあるように思える。

それは、今回の旅行記事中には、アメリカ人から見られる自己を意識する場面が少ないし、見られている自己を意識しても前回とはだいぶ異なることとつながっていよう。たとえば、一行は、サンフランシスコで一一台の自動車に分乗して市内を見物したが、これは自動車自体がまだ物珍しかった当時、豪勢な旅行気分を満喫させる企画で、第一回のときもまったく同じ企画で市内を見物した。第一回旅行記では、その体験が次のように描かれている。「日本にも斯《かく》ばかりの多人数の世界一周隊を出し得るかを怪むものに似たり。我が一周隊が日本の重きを加へしむること夫《そ》れ幾何《いくばく》ぞや」。市中を自動車を連ねて疾駆する一行が日本の国威を誇示しているかのごとき意気込みで、またアメリカ人からそう見られているだろうという期待で自己を意識している。しかし、今回の同じ場面は、「路行く人皆振返つて見る、色黄なる紳士の威風にや呆れけん」(天囚「観風の第一歩」)と、やはりアメリカ人から見られていることを意識はしているが、軽い諧謔をまじえて見られている自己を描き、日本の国威を背負っているといった意気込みは薄れているのである。

海外旅行に対する意識が少し変わってきた。一つは、主催する朝日新聞社が快楽としての旅行と言い出しているように、国威を背負って海外に出かけるという意識が少し軽くなってきた。また一つには、新興帝国と自負しながら、そう見られるかどうか不安という自意識が、欧米人の視線への過敏さを生みだしてきたのだが、前回の世界一周の体験などから自分たちが欧米社会で受けいれられているという自信がもてるようになったことがあろう。それでも、欧米人が内心ではどう見ているかの不安が常に存在しているのだが、少なくも表面的には手厚くもてなしてくれることが分かっただけでも、欧米人の視線への過敏さを軽減したであろう。

一行の旅行そのものは大した事故もなく順調であった。五月七日には、ホワイトハウスを訪れ、タフト大統領に面会する機会をえた。第一回の際にも、当時のルーズベルト大統領に謁見し、旅行のハイライトとなったが、今回も民間人の観光旅行団がアメリカ大統領と謁見したのであるから、旅行者たちにとっては旅行中で最も晴れがましい場であった。ただ、今回の大統領謁見は、大統領がアメリカ各地からのさまざまな面会人などに会う場に観光団も参加したといったかたちで、前回のようにゆっくり大統領と話すというものではなかった。

マンネリ化したイベント

旅行が順調に進むことは、主催者である朝日新聞社また旅行者たちにとって望ましいことであるのはむろんだが、反面旅行記を紙面で読む一般読者にとっては面白みが乏しいということである。第一回の際は、世界一周それ自体が前代未聞の大胆な旅行として人々の関心を引いたが、第二回は二番煎じという印象を免れなかった。しかも、旅程は第一回とほとんど同じとあっては、読者からすれば新鮮味がなかった。また、前年には藪野椋十の世界一周記「世界見物」も連載されていたから、読者は同じような世界一周旅行記を何度も読むことになったのである。

メディア・イベントは新奇性によって読者の関心を惹き、それが新聞発行部数拡大や新聞の声価を高めようとするものであるから、旅行会に一定数の参加者があり、旅行が円満に進行しただけでは成功とはいえなかった。そこで、ややマンネリ化した世界一周記事に活気をあたえると期待されたのが、当初の旅行目的であった日英博覧会見物であった。

日英博覧会の体験

日英博覧会（The Japan-British Exhibition）は、一九一〇（明治四三）年五月一四日から一〇月二九日までイギリスのロンドンで開催された。折悪しく英国皇帝エドワード七世が五月六日に死去したため開会延期説もでたが、結局開会儀式なしで予定通り開かれた。

日英博覧会の経緯

日英博覧会という名称から誤解されやすいが、これは日本政府、英国政府が共同で主催した博覧会ではなく、ハンガリー系ユダヤ人の興行師イムレ・キラルフィーという人物の企画に日本政府がのったかたちで開かれたものである。キラルフィーは、一九世紀の末のイギリスでさまざまな見世物興行にかかわり、一八九五年にはロンドン博覧会会社（London Exhibition Ltd.）を設立し、博覧会を商業的な見世物興行として事業化していった。彼はホワイトシティーと称する博覧会場を中心に、インド帝国博覧会（一八九五年）、大英帝国博覧会（一八九九年）、英仏博覧会（一九〇八年）などを次々と開き、一定の成功をおさめた。彼の博覧会の一つのテーマは「帝国」にあり、そこからイギリスと同盟関係をもつ、東洋の新興帝国日本の博覧会という発想が出たと考えられる（Ayako Hotta-Lister, *The Japan-British Exhibition of 1910, Gateway to the Island Empire of the East*, London, 1999)。

日英博覧会開催にいたるまでの経緯について詳述する紙幅はないが、キラルフィーが一九〇八年五月の英仏博覧会開会に先立ち、英仏博覧会終了の翌年一九〇九年にその会場施設を利用して日英博覧会を開催することを当時の駐英大使小村寿太郎に提案したのがきっかけである。小村は、一九一二（明治四五）年に東京で大博覧会を開催する計画があることや、財政難などを理由に困難である旨いったん回答したが、英仏博覧会会場施設を利用できれば、比較的安あがりに博覧会を開催できるとの判断を本国政府に伝えた（「日英博覧会計画ノ概要」「英京倫敦ニ於ケル日英博覧会開催一件」（一）、外交史料館所蔵）。当時、日本では日露戦争後の国力興隆を内外に示すイベントとして博覧会開催の動きがあり、そのメインは一九一二（明治四五）年を期して東京で大博覧会を開催するという計画であった。これは一九〇六（明治三九）年八月の閣議で決定をみていた。しかし、財政難のため一九〇八（明治四一）年九月に開催予定を一九一七（明治五〇）年に延期することとなってしまった。

キラルフィーの提案のあったのは、ちょうど大博覧会の先行きが怪しくなっていた時期である。日本政府は、博覧会開催を希望しながらも財政的問題やキラルフィー提案の信憑性《しんぴょうせい》への疑問から躊躇していたが、アメリカやロシアとの交渉をちらつかせるキラルフィーの交渉術にのせられたところもあり、また日英同盟の基礎を強固にするという「政治上の見地」を優先させたこともあって開催に踏み切ったのである（在欧州各大使宛「日英博覧会ニ関スル件」前掲「英京倫敦ニ於ケル日英博覧会開催一件」（一））。一九〇九年の開催は日程上無理だったが、翌一九一〇年五月一日の開催予定ということで、一九〇九年三月三一日、日本政府とキラルフィーの日英博覧会会社のあいだで契約が結ばれた。契約によれば、日本政府は会場費用等とは別に博覧会会社に五万ポンドの交付金をだすことになっていた（前掲「英京倫敦ニ於ケル日英博覧会開催一件」（一））。

のちに日本の新聞などが批判するように、英国の興行師の営業政策に日本政府がまんまと乗せられたという側面があったのである。しかし、キラルフィーの見えすいた営業政策に日本政府が乗ったのは、当時の国際情勢のなかでなんとか日本の地位を高め、安定させたいという日本側の願望があったためであろう。一方において、日本は英国と日英同盟を結び、日露戦争に勝利して欧米列強と肩を並べるようになったと自負しているが、他方では黄禍《こうか》論のような日本警戒論、あるいは日本の軍事力のみを評価し文化等を蔑視する論が横行していた（黄禍論については橋川文三『黄禍物語』筑摩書房、一九七三年、参照）。少なくも、日本側は自己の国際的評価についてそのように認識していた。それゆえ、なんとか日本に対する「正当な」理解を得たいという思いが強かったのである。

政府だけでなく、民間でも同様な考えが主張されていた。『大阪朝日』一九一〇年一月二三日社説「日本宣伝の必要」は、海外に旅行する日本人が痛感することは、「彼等外国人民が、我が日本の事情に暗き一事なり。彼等の想像する日本は『キモノ』と人力車と日傘との日本なり。時には尚丁髷《なおちょんまげ》の日本なり」とし、その原因の一つがいわゆる「ミカド」劇にあると慨嘆した。そして、「吾人が外国の路上を歩む時、熟々《つらつら》我顔を眺むる彼等の眼中に一種云ふべからざる不遜の色を含む、吾人の不快実に堪ゆべからず」と外国人の視線に自尊心を傷つけられる心情を述べている。ただ、「キモノ」と人力車という日本のイメージを作っているのは、必ずしも「ミカド」劇だけではなく、前述のように来日するアメリカ人観光団をそのように歓迎する迎合が広くあり、そこに当時の日本の屈折した状況であったのであるが、それはともかく、『大阪朝日』社説は、このような無理解を是正するために「真正の日本」を知らせる「一種の教育的宣教師」の派遣を提案するとともに、万国博覧会などを積極的に利用することを主張していた。

日本の展示方針

この日英博覧会において、日本政府は、何をどのように見せようとしたのであろうか。一九〇九（明治四二）年四月二四日の日英博覧会評議会第一回総会において、大浦兼武総裁（農商務大臣）は、博覧会の経営方針について、次のように演説した。

「経営方針に付いても亦《また》従来我国が万国博覧会に参同したる場合と自から趣を異にせざるを得ず即ち現時に於ける我文化、富源及び産業の情態を展示し此に依て以て通商貿易の拡張に資することを大に力を致すべきは勿論、特に我文教の沿革、古美術、各産業の発達、兵制、交通其他諸制度の沿革並に風俗の変遷に関する歴史的出品を為し、我国運発展の由来淵源を顕彰し両国間に従来存在せる不渝《ふゆ》の和親を愈々《いよいよ》深厚確実ならしむることに努むるを期す」(『時事新報』一九〇九年四月二五日)。

要するに、従来の万国博覧会参加と異なり、通商貿易の拡大を目的として日本の産業製品を展示するだけではなく、日本の文教・古美術・制度等の歴史的な展示をおこなって、現在の日本の発展の必然性を示そうというのである。日本側が、このような方針をもったのは、この博覧会が日英同盟を結ぶパートナーである英国で開催し、英国人に日本を見せることを主たる目的としていることがあった。そこでは、日本の物産を紹介して通商貿易の拡大を目指すこともさることながら、政治的文化的な提携をいっそう強固にするため英国人に日本の文化・歴史を理解してもらうことが重視されたのである。

会場と展示品

日英博覧会の会場となったのは、ロンドン西郊のシェッファーブ・ブシュで、英仏博覧会の会場・施設をそのまま引き継いだ。敷地総面積は一六万八〇〇〇坪、大陳列館二〇棟、建坪約二万七六七〇坪、そのうち日本の陳列区域となったのは大陳列館九棟、約六七四一坪であった。これまで日本が参加した万国博覧会において割り当てられた区域よりはるかに広大な区域で、展示がおこなわれることになったのである。

博覧会事務局はおびただしい展示出品を蒐集したが、それらは官庁、指定、普通、婦人、古美術、新美術、風俗の七類に分けられた。それぞれの出品点数は次のとおりであった。

	〈点　数〉	〈出品者数〉	〈陳列区域〉
官庁出品	六〇七	一六	
指定出品	一二、〇五五	六五一	二、六六二坪
普通出品	一九、七〇三	一、二六九	二、三九四坪
自営出品	五六七	四一	
婦人出品	四三〇	九三	五四坪
古 美 術	一、一五四	一一九	三七五坪
新 美 術	二四〇	一一三	四二〇坪
風俗関係	不明		

この他、七一〇坪の売店、さらに一〇万円の費用かけたという日本式庭園が二ヵ所合計五六七〇坪が設けられた。庭園のなかには喫茶店が数ヵ所置かれ、緑茶のサービスをおこなった。余興としては、陸軍軍楽隊三四名、相撲や軽業などの芸人一五六名が派遣され、また当時「生蕃」と

称された台湾の高山族二四名、北海道アイヌ一〇名の見世物もあった（「日英博覧会前記」『太陽』一六巻九号、一九一〇年六月一五日による）。

これから分かるように、出展点数で最多は普通出品、自営出品である。これは、あらかじめ出品許可の品種を定め、各生産者が任意に出品した品を鑑査し、合格したものを展示した。そのなかでも自営商品は、出品者が自己の設計装飾で展示する自由を認められたもので、三井物産、日本郵船、京都協賛会、高島屋等の大会社・大商店四一組が、この分類を利用し、出品した。また、指定出品は、博覧会事務局が全国の代表的な商品を指定して出品させたもので、官庁出品と合わせて、これが事実上の日本政府の出品で、陳列区域も最も広く、大仕掛けの展示となっていた。

また、わざわざ婦人出品という部門が置かれていたのは、注目される。これは、「欧州に於ける日本研究は逐年精に入り密に進めども、社交的ならずして家庭的なる、静的にして動的ならざる日本婦人は彼らに取りて未知数なり、従つて多くの好奇心を抱くや疑あるなし、此の欠陥を補ふ」ために特に設けられたのだという（前掲「日英博覧会前記」）。具体的には、日本の女性の状態を説明する各種統計、女性の風俗習慣・教育・慈善事業などの説明、女性の製作品などが展示されたようで、この部門設置の意図が日本が欧米並の文明国であることを示すためであったことは明らかである。

図５　日英博覧会会場（毎日新聞社提供）

図６　博覧会日本部の大門正面

各館の展示の詳細を述べることはできないが、主要な部分だけ紹介すると、入口を入るとまず目をひくのは、朱塗り金具の大鳥居である。これをくぐると壁紙に杉の木立が描かれ、木骨紙張りの春日灯籠《かすがどうろう》が左右二〇台ずつ並んでいて、その間には模造の鹿が置かれていて、春日神社社前といったふうにしつらえられていた。さらに石段を登ったところに春日神社楼門の原寸大の模型があり、扁額には Japan と記されている。この楼門をくぐってなかにはいると左右に広い部屋があり、神武天皇から日比谷公園日英同盟祝賀会にいたるまでの日本の歴史が活人形を使って展示されていた。人形の衣装や美術工芸品は随分趣向をこらしたものであったようだが、これは「我文教の沿革、古美術、各産業の発達、兵制、交通其他《そのた》諸制度の沿革並に風俗の変遷に関する歴史的出品を為し、我国運発展の由来淵源を顕彰」するという博覧会全体の目的を典型的に具体化する展示として力をいれたものであった。さらに日本各府県の工芸美術品等の展示を順々に見ていくという構成になっていたようだが、満州朝鮮部、台湾部という区域もあり、それぞれの特産品や風景写真をならべていた。

展示のありさま

こうした展示からうかがえるのは、二面的な自己の呈示である。一面では、日本の独自性の主張がある。日本は古代から現代にいたるまで独自の歴史をもち、独自の文化を形成してきたことをさまざまなかたちで示そうとしていた。しかし、もう一面では、日本が普遍的な近代であることをも主張しようとしていた。特に、大英帝国には及ばないにしても、日本が今やいくつかの植民地を傘下におさめた帝国であり、英国のパートナーにふさわしいことを示そうとしていたのである。

そこでの独自性の主張と普遍性の主張とは、本来葛藤をはらんだ緊張した関係にあるだろう。場合によれば、英国あるいは欧米の帝国主義を相対化する方向にむかうこともあるだろうし、また別な場合には日本という自己への問い直しにむかうこともある。だが、博覧会の展示は、どちらの方向にもむかっていなかった。むしろ、独自性・普遍性のそれぞれの自己主張の背後に、大英帝国の視線への媚態《びたい》が透《す》けて見えている。たとえば、活人形や美術工芸品を駆使した江戸時代の社会・風俗の展示は、「我国運発展の由来淵源を顕彰」するという独自性の主張であるが、その背後にあるのは、英国人観客の視線の客体である自己を意識し、そのエキゾティズムに迎合する態度である。また「現代」のコーナーでは、「洋装せる日本男女と海軍服着用の英国士官とが相共に敬虔の情を以て丸ノ内宮城を拝観する」光景が描かれていた（『時事新報』四月一八日）。これは、日本の近代化と日英の対等なパートナーを象徴しているのだろうが、その背後にはこのような光景の実現を願望する日本の劣等感がうかがえる。独自性と普遍性の主張は、英国の視線への従順な媚態を底に蔵し、それゆえに両者は格別な葛藤もなく併存していたのである。

英国部の展示

日本の展示に対する英国の展示は、どうなっていたのであろうか。英国側は、総計一一棟で展示する予定で、特にロンドン地下鉄の車輛の実物展示などイギリス工業力の粋を見せることになっていた。その他、美術品や古来からの戦利品などの展示も計画されていた。しかし、実際には、その多くが開場には間に合わず、整備されるのは一ヵ月後と推測される有様であった。

英国の新聞も、英仏博覧会などと比較しても「英国側の出品は少しも活気がない」と認めるほどであった。英国側の博覧会名誉総裁にはコンノート王子、総裁にはノーフォーク公爵など著名人が名前をつらねていたが、実際上取り仕切っていたのはキラルフィーの日英博覧会会社で、英国企業からすれば次々開催される博覧会にさほど熱がはいらなかったのであろう。しかし、英国部の展示が大幅に遅れ、活気がない状態は、日本側の自尊心を傷つけるものであったことは間違いない。

日本人は日英博覧会をどう見たのか

この日英博覧会の展示が、どのように見られたのかが問題である。英国人がどのように見たのかも興味深い問題であるが、ここでは日本人がどう見たのかが主たる関心である。

日本人が日英博覧会をどう見るのかは、屈折をともなう体験であった。まず博覧会そのものは、積極的な自己の呈示であり、日本人は自己を見せるために、英国人の視線の先に自己を位置づけたということである。ただ、博覧会の展示を実際上演出したのは博覧会事務局や出品業者であるから、日本人観光客はそれとはやや距離をおいて見ることになる。英国人に自己を見せている日本を第三者的に見たともいえる。しかし、英国人に見せているのは日本なのであるから、完全な意味での第三者とはなりえず、むしろ博覧会の展示は、日本という自己を写している鏡なのである。そして、そこに写っている自己像に満足するか、あるいはその歪みに憤るといった反応が生ずるだろう。

しかも、たんに鏡に写った自己像に歪みがあるかないかというだけではなく、英国における日本の展示であるから、英国人が自己の像をどう見ているのかを意識せざるをえない。そのため、博覧会に写る自己像に対していっそう過敏になる。これまで述べてきたように、見る主体であると同時に、見られる客体である関係は、欧米への観光旅行において不断に生じていたことだが、日英博覧会では一段と鋭く表れることになったのである。

しかし、残念ながら、世界一周会会員が日英博覧会を見た体験についての記録は残っていない。旅行会に同行した西村天囚も、日英博覧会関係の見聞記は、このために特派された長谷川如是閑《にょぜかん》に任せるとして記事を書いていない。しかし、朝日新聞社の長谷川如是閑、時事新報社の亀井陵良・浜田精蔵、国民新聞社の伊達源一郎など各社から日英博覧会取材のため派遣された記者が、それぞれの見聞記を発表している。記者たちは、国際社会における日本の位置、日英関係などについて観光客より強く意識しているはずで、彼らの博覧会見聞記においては前述のような屈折がより鋭く表れる可能性はあるが、一般観光客の意識とかけ離れたものではなかったろう。したがって、ここでは記者たちの博覧会見聞記、特に世界一周会を主催していた朝日新聞社の特派員であった長谷川如是閑の博覧会見聞記を中心に、日本人が日英博覧会で見たものを考えてみよう。

博覧会の好況

朝日新聞社からロンドンに特派された長谷川如是閑は、日英博覧会とちょうど際会した英国皇帝大葬について旺盛に記事を書き、「倫敦《ロンドン》まで」「聞いた日英博見た日英博」「英皇崩御の翌朝」「英皇霊柩安置式」「日英博覧会」「大葬拝観」「日英博の英国部」「日英博だより」といった連載記事を東西の『朝日新聞』に掲載した。これ以外にも短信記事をいくつか載せている。また、帰国後の翌一九一一年三月から五月にかけて「倫敦！　倫敦？」と題する紀行文を連載し、これと先の連載記事の日英博覧会関係記事を除いたものを合わせて単行本『倫敦！　倫敦？』として政教社から一九一二年に出版した。

日英博覧会関係の記事のうち、「聞いた日英博見た日英博」は開場前の前景気の報道、「日英博覧会」「日英博の英国部」は、開場後の会場や展示を紹介した記事で、比較的客観的な記述で、彼の感想や意見はほとんどない。これに対し、「日英博だより」は、日英博覧会の模様を一通り読者に報告したあと、さらに博覧会での見聞をまとめた記事で如是閑の感想などが記されている。それらからうかがえるのは、彼が日英博覧会が多くの観客を集める盛況をみせたことに安心し、満足したことである。博覧会が基本的には成功したというのが彼の評価であった。他の新聞社記者も、日英博覧会はおおむね成功という評価であったようだ。少なくもこれを失敗とみたり、否定的に評価した記事はない。たとえば、『大阪朝日』社説「日英博の好況」（六月二三日）は、「有《あり》体《てい》に言へば、同博覧会の動機は頗《すこぶ》る蕪魔《ぶま》なるものなりき。其は特派員の通信にもありし如く或る興行師の手に乗りて日本政府も一杯を食はされたるやの観あり」、また「名は日英にして、其の実日本博覧会の観あるは致方《いたしかた》もなき次第」ではあるが、ともかく博覧会が好況なのはめでたいとしている。こうした評価が、当時一般的であったのである。

「小さく美しい国」

長谷川如是閑も、基本的にはこのような評価であったが、展示のなかで二つの点が彼の意識を逆なでした。一つは、博覧会の展示が英国人に「日本を小さく美しい国」という印象を与えたことであり、もう一つは博覧会の余興としてアイヌと台湾の高山族が展示されたことであった。

如是閑は、「日英博だより」（二）（『東京朝日』七月六日）において、博覧会の展示について次のように書いている。「日英博の目星《めぼし》き出品は多く手工品にして、些《いささ》か規模宏大なる機械工業に関する出品には少数有識者の外は殆ど西洋人の目を注ぐものもなく、殆ど不注意に看過され、随つて此の博覧会の為多数俗物の日本を小さく美しい国と思ふ見解が、愈《いよいよ》増長の傾きあるは少々癪《しゃく》に障《さわ》る次第に候」。前述したように博覧会展示の主眼を「我国運発展の由来淵源」を示すことにおいたため、現在の工業製品より伝統的美術工芸の展示が多くなったのであろうが、それが如是閑からすれば不満であった。英国知識層は日本の工業化について理解するだろうが、一般庶民層は日本といえば「小さく美しい国」と思いこんでいるところに、博覧会の展示の多くが「手工品」であったため、それがいくら精巧で美的であっても、かえって「小さく美しい国」という印象を増長する結果になってしまったというのである。

さらに「日本の文明が伊太利《イタリア》や瑞西《スイス》やモナコのやうに古物や風景や小手先の細工や芳原やに限られるやうに思はれては一国の将来に関して額を括られる虞《おそれ》ありて迷惑此上なかるべし」と嘆いた。いうまでもなく、如是閑は英国人がどう見るのか想像して、腹を立てているのである。しかも、彼は展示がウソであるといっているのではない。小手先の細工の手工品は、確かに日本のものであり、それは日本の現実を写す鏡のなのである。しかし、そこに写る「小さく美しい国」という自己像にいらだっている。

そして、如是閑は、イギリスの新聞『デーリークロニクル』に掲載された日本観光への酷評を引用している。この記者は、日本は美しい国だと思って出かけてみたら、さほど美しくはなく、あんな風景ならどこでもあると批判したという。ところが、如是閑は、この酷評に賛成する。「小生は寧《むし》ろ此の悪《あく》たれ口に左袒《さたん》致し度《たく》候、総ての西洋人が斯《か》やうに日本を解釈するに至つて始めて日本人自身も此奴は好男子一点張では追付かぬ哩《わい》と気が付いて、真個の日本人の値打を外人に知らしむる事に努力致すに至るべきかと存じ候」。これは、屈折した理屈である。英国人が日本を美しい国ではないと酷評するのを受けいれて、はじめて日本人は「小さく美しい国」という自己満足から目覚めて「真個の日本人」を外国人に知らせようと努力するようになるだろうというのである。確かに、博覧会で日本文化の独自性を見せようとすると欧米人の期待する「小さく美しい国」という展示に流れてしまうのは、日本人のなかに欧米人の視線への迎合、「小さく美しい国」であることへの自己満足があるという如是閑の指摘は鋭い。しかし、現実の日本であることを分かりながら、それを率直に認めたくないというところに、如是閑に限らないこの時期の屈折した意識がうかがえるだろう。

日本村

それは、他の新聞記者の日本村への感想に見ることができる。日本村というのは、会場の一郭を仕切り、そこに「瀟洒閑雅ナル我田園ノ真景」を見せようというもので、「茅屋ノ農家ヲ中心トシ屋外ノ渓流ニ水車アリ之レニ架スルニ木橋」などをしつらえ、そのなかに農民の家族に扮した者が草履作りなどを実演をしてみせるという展示であった。農夫役には「容姿衣装等必シモ実際ノ状ニ則ルヲ要セズ須《すべか》ラク最モ理想的適切ナルモノヲ選ブベシ」と指示し、「全般ノ設計当国人審美ノ観念ニ訴フルノ趣向タルベシ」という意図のもとに日本側でもかなり力をいれていた（和田彦次郎宛陸奥広吉報告書「英京倫敦ニ於ケル日英博覧会開催一件」（二）所収）。

主催者側は、これを「詩的日本」と喧伝し、観客はその手工業の様子に好奇心をそそられたという。しかし、これが日本人には不評であった。『時事新報』の記者浜田精蔵は、博覧会の客寄せの「人間の見世物」だとか、「馬来《マレー》半島の民家に行つて奇妙な生活状態を見た時のやうな気持がします」、「自分の兄弟分が外国まで見世物に連れて来られたかと思ふと見て居て快感は起らない」といった日本人の感想を伝え、当局者の注意を喚起している（『時事新報』六月二三日）。

この展示も、そのできはともかくも、決してウソの日本農家であったわけではない。むしろ、日本側としては「理想的適切」な日本の田園風景を展示したつもりであった。それは、浜田にもよく分かっていた。それだからこそ、不快になるのである。「自分の兄弟分」である日本の農民や職人が急ごしらえの藁屋のなかで仕事をしているさまを見させられ、マレー半島の未開地と日本が同じであることを突きつけられたという感じは自尊心を非常に傷つけられる。しかも、それを英国人のエキゾティズムが「詩的日本」だと評価することは二重に傷つけられる体験であったのである。

余興の芸人

もう一つ長谷川如是閑ら日本人記者たちの意識を逆なでしたのは、博覧会の余興に出演した芸人たちであった。博覧会の呼び物としてさまざまな余興を用意するのは、キラルフィーの常套手段であったようで、余興は主としてキラルフィー側から提案があり、これに日本の博覧会事務局が応ずるというかたちで進み、余興の運営にあたるシンジケートが五万ポンドの出資で設立された（前掲和田彦次郎宛陸奥広吉報告書）。

どのような芸人職人を余興として出演させるかについても、博覧会事務局、在英日本大使館、シンジケートで事前に打ち合わせたうえ決められていたが、最終的に博覧会に出演したのは次の一五六名の芸人職人たちである。

魔術水芸《みずげい》	九人	軽業《かるわざ》	一一人
太神楽《だいかぐら》	五人	剣舞	四人
囃方《はやしかた》兼後見	三人	角兵衛獅子	二人
丸太乗り	一人	綱渡り	六人
独楽《こま》廻《まわ》し	五人	日本手品	一人
角力《すもう》	三六人	美術陶器	六人
画工（陶器画）	二人	七宝《しっぽう》	四人
提灯《ちょうちん》	二人	縫箔《ぬいはく》	三人
蒔絵《まきえ》	四人	薩摩絵	三人
象牙彫《ぞうげぼり》	四人	水彩	四人
銀細工《ぎんざいく》	一人	傘職	二人
造花	二人	瓦煎餅《かわらせんべい》	二人
竹細工	三人	裁縫袋物	三人
鍛冶《かじ》職	二人	団扇《うちわ》	二人

扇子《せんす》	二人	指物	二人
棉《わた》細工	二人	桶《おけ》職《しよく》	一人
画工	二人	紙製造花	一人
金銀錺《かざり》職《しよく》	一人	新粉細工	一人
飴《あめ》細工《ざいく》	一人	生花	二人
木版	五人	活動写真（吉沢）	

計　一五六人　この他、戸山学校軍楽隊、台湾生蕃（高山族）二四人、北海道アイヌ一〇人。

（『東京朝日』一九一〇年五月一四日）

実に多彩な芸人職人が余興に携わったのである。職人の多くは、先にふれた日本村でその技能を実演して見せた。また、角力は、「必シモ横綱力士ニ限ラザルベキモ身体強大ニシテ容貌《ようぼう》卑醜《ひしゆう》ナラサルモノヲ要ス、金色燦爛《さんらん》タル廻《まわ》シ太刀《たち》等ヲ閑却スベカラズ、裸体必シモ不可ナキモ腰部ノ辺少シク改装ヲ要スルモノアラン」と、英国人の眼を意識して演出していた。実際に出場したのは、京都相撲の横綱大碇《おおいかり》以下の力士で、まわしの下に下着を着用したという。京都相撲は東京の角界とは独立した組織であったが、独自の場所をうてるほどの規模はなく運営に困っていたところだったので、博覧会出場に乗ったようである。

これら芸人たちの手品ショーや職人たちの実演や力士たちの派手な化粧廻しなどは、期待通り英国人観客の好奇心を引き、評判となったようである。しかし、長谷川如是閑はじめ日本人記者たちはそれが気に入らなかった。「会社が企てたる日本に関する余興の興行物は一つとして日本に迷惑ならざるは無く、入場の日本人中少々大和魂の残存せるものは何れも冷汗を流す次第に候」(「日英博だより」(三)『東京朝日』一九一〇年七月八日)と日本人芸人職人の余興を恥じている。彼が、恥じているのは、日本人の芸がお粗末だからではない。芸人職人たちが舞台でも舞台の外でも欧米のマナーにとらわれず、彼から見れば野卑な声や振る舞いをしていることが恥ずかしいのである。

もともと芸人職人の渡航については、かえってマイナスの印象をあたえてしまうのではないかという警戒論が強かった。『時事新報』一九一〇年三月九日社説は、この問題をとりあげ、「下等階級の芸人又は職工等の多数を彼地に渡航せしめ公衆の観覧に供するの利害如何は大いに考量する所なかる可《べか》らず」と批判し、彼らの滞英中は外務当局が厳しく監視する必要があると主張した。

ある意味では予想通り、芸人職人の振る舞いは記者たちをいらだたせた。芸人職人のロンドン到着を報道する国民新聞記者伊達源一郎は、「二百三十余名の不規律な連中指揮も号令もあつたものではない各自に勝手な真似をやつて停車場の混雑は一通りでない」(『国民新聞』五月一四日)と、冷笑的筆致で描いている。時事新報記者浜田精蔵は、英国まで角力や芸人と同船であった日本人観光客がロンドンの街角で彼らと出くわして、声をかけられるのが恥ずかしく、横町に逃げ込んだエピソードを紹介している（『時事新報』六月一四日）。そして、『時事新報』六月二〇日社説は、芸人職人の「有様を見て英人の驚き呆るゝは無理もなき次第なれども我在英同胞が眼前に斯《か》くの如き風体を見せ附けられ此輩も亦《また》同胞の片割れかと思ふ時は外国人に対する面目上、恰《あたか》もその身を切らるゝの感なきを得ざる可し（中略）実に国家の体面を損するの甚だしきものと云はざるを得ず」と、一般の日本人が芸人職人の有様に恥ずかしい思いをしていることを強調した。さらに「今回日英博覧会の機会に態々《わざわざ》下等社会の輩を文明世界の中心たる倫敦《ロンドン》迄連れ出して外国人の手前に失態の数々を演ぜしむるに至りたる不用意千万、沙汰の限りと評せざるを得ず」と博覧会事務局を激しく非難した。

ここに浮上しているのは、知識人と庶民という問題である。知識人である記者たちにとって、せっかく日本が文明化した姿を見せようとしているところに、欧米のマナーなどにまったく無頓着な芸人職人の行動は国家の体面を傷つけるものであり、そのうえ自分が英国人から彼らと同類だと見られることが恥ずかしく、我慢がならないのである。先に引用した作田啓一は、「普遍化と個体化という二つの志向が、自己と他者とのあいだでくい違う時、羞恥が生ずる」と述べていたが、この場合は、まさにそうである。しかも、その恥は、「外国人に対する面目上」恥ずかしいのであり、その鉾先《ほこさき》は〝無恥な〟芸人職人に向けられた。

日英博覧会に出演した芸人職人たちの個々の事情は詳しく分からないが、彼らからすれば、国家から依頼され、わざわざロンドンまで出むき、博覧会事務局等の演出通り演じたところ、新聞記者から恥さらしだと非難されたところで迷惑至極な話であったろう。もともと彼らは、日本が帝国にのしあがる物語とは無縁なところで生活していたのである。出演した芸人たちのなかには、博覧会終了後も、そのまま欧米を巡演したものもいた。相撲の力士たちも、欧米を巡業し、最後は南米に渡ったという。

「生蕃」とアイヌ

もう一つ記者たちの神経を逆なでしたのは、見世物として展示された高山族とアイヌである。グリーンハルによれば、一九世紀末から二〇世紀初頭の欧米の博覧会等では、「人間の陳列」が呼び物になっていたという (Paul Greenhaigh, *Ephemeral vistas*, Manchester University Press, London, 1988)。キラルフィーも彼の主催してきた博覧会でさまざまな「人間の陳列」をおこなってきた。仏英博覧会では、セイロンの集落とセイロン人を展示し、しかも数百人のインド人とセイロン人、多種多様な動物が出演する「わがインド帝国」と題する二時間にも及ぶスペクタクル劇を見せたとされる (*Ephemeral vistas*)。高山族とアイヌという「人間の陳列」も、こうした欧米での博覧会の展示の延長線上にあったのである。

キラルフィーの「人間の陳列」は、観客の好奇心をひきつけるという営業的動機にもとづいていることは明らかだが、世界の辺境まで帝国の視線が及び、未開を分類し観察することによって支配を示すという意味があったことも間違いない。それからすれば、日英博覧会において、台湾の先住民とアイヌを展示したことは、日本が未開の異民族を支配する新興帝国として登場してきたことを英国人に展示するという意味であったとも考えられる。日本の博覧会事務局には、そうした意図があったかもしれない。

しかし、日本人記者たちは、台湾先住民とアイヌの陳列を見たとき、これを日本の帝国主義的達成の展示として誇りに思うことはなかった。長谷川如是閑は、「台湾村、アイヌ村等は此等《これら》の珍人種を西洋人に紹介する為には同じ興行物ながら有益の企てと云ふべければ、(中略) 憐れとも何とも申様なく、之を多くの西洋人が動物園か何かに行つたやうに小屋を覗いて居る所は些《いささ》か人道問題にして、西洋人はイザ知らず日本人は決して好んでかゝる興行物を企てまじき事と存じ候」(『東京朝日』七月八日「日英博だより」(三)) と書いている。西洋人には「有益な企て」といっているのであるから、西洋人がこれまでも同種の見世物を楽しんできたことを知っているのだが、その光景を目撃したときには、彼自身はとうていそれを楽しむことはできず、嫌悪感を催す悪趣味展示としか映じなかったのである。

同様の感想は、他の新聞記者も持った。『時事新報』の浜田も、「アイヌと云へば生存競争か優勝劣敗かの法に支配されてだんだん減少しつゝある可憐の人種生蕃は又野蛮人中の猛烈なもので何を考へても斯《か》かる人間が我日本人中に居りますと云つて態々《わざわざ》博覧会の余興に出して木戸銭を儲ける如きは人の弱点に乗じ欠点を捕へて自ら金銭上の利益を占めやうとするものだと評せられても弁解の出来ない筈だ」(『時事新報』六月一五日)と評していた。

日本人の記者は、アイヌや台湾先住民があたかも動物であるかのように見物されている有様に強い不快感をもち、アイヌや台湾先住民に一定の同情を表明していた。そして、このような見世物を思いついたのは日本側ではなくて、キラルフィーであるとして自ら慰めている。しかし、キラルフィーの思いつきだったとはいえ、日本側にもアイヌや台湾先住民を見世物にして博覧会の人気を得ようとする発想がなかったわけではない。台湾先住民を「生蕃」と称して怪しまなかったし、アイヌや台湾先住民が出発する際には、日本の新聞はかなり興味本位の記事や写真を掲載していたし、到着後も彼らの〝野蛮人ぶり〟を報道していたのである。『国民新聞』五月一八日は、「王様気取りの台湾生蕃と猫の様なアイヌ」と見出しをつけ、「阿弗利加土人やアメリカインデアンに関する智識を持つてゐる英国人等には此の殺伐の生蕃人が如何に多大の興味を彼等に与へて居るかは寧ろ想像以上であるからして猫の様なアイヌと獅子の様な生蕃は今博覧会中での人気を集めて居る」と、遠い異郷に突然連れてこられたアイヌと高山族の対照的な反応をどちらも〝野蛮人〟の特性として報じていた。

しかし、日本人記者たちは、博覧会の展示の一部としてアイヌや高山族を実際に見たとき、その展示ぶりに嫌悪感をもったのである。それは、人間を見世物にして金儲けをするという人種的優越感と露骨な商業主義に反感をもったのであるが、それだけではなく、茅屋のなかで日本人が桶を作っているのを好奇心一杯で見る英国人の視線が、アイヌや高山族を動物園の動物のように見る視線と同じであることを感じとらざるをえなかったからである。日本人農夫たちもアイヌ、高山族も、同じ「人間の陳列」として英国人のまなざしのもとにさらされていたのである。それは、彼らと同類である記者たちの自尊心を傷つけたのである。しかし、そうした英国人の視線を公然と否定する発想はもっていなかったから、同類である日本人の芸人職人についてはその〝無恥〞を非難し、アイヌや高山族へは「優勝劣敗かの法でだんだん減少しつつある可憐の人種」の運命として同情したのである。

盛況の表裏

日英博覧会が、多くの観客が見物に訪れ盛況であったことはまちがいない。開会初日に一〇万人以上の入場者があり、二日目の一六日には五〇万人以上が入場したという（内ケ崎三郎「開会初日の印象」『太陽』一九一〇年六月一五日・日英博覧会特集号）。『タイムス』は七月一九日に総ページ数九六ページにも及ぶ「日本号」を発行した。これは、朝日新聞社が日本でも販売し評判となった。ちなみに、この「日本号」の広告は、大阪の広告代理業萬年社がタイムス社と一手取扱いの契約をし実現したものである（『萬年社広告一〇〇年史』萬年社、一九九〇年、五七ページ）。

こうした日英博覧会の盛況は、日本政府、博覧会事務局、新聞記者らにとっておおむね満足できるものであった。しかし、盛況をもたらした英国人の観客の好奇心に満ちた視線は、日本人、特にインテリの新聞記者たちの自尊心を傷つけるものであった。ようやく欧米列強と伍す帝国にのしあがり、対等の交際と自負しはじめたところに「小さな美しい」日本、好奇心をひきつける余興などに写る自己像とそれを眺める英国人観客の視線が、幼弱な帝国意識を傷つけたのである。しかも、それは、キラルフィーの営業政策に乗せられたにしても、それに迎合する意識が日本側にあり、さらにそのような迎合は博覧会事務局だけではなく、来日する欧米観光団にも「キモノと人力車」で歓迎したように、広く見られる共通意識であることを認めざるをえないこともいっそう深く傷つけられることであった。

世界一周会の旅行者たちは、新聞記者たちほどデリケートに意識はしなかったかもしれない。だが、やはり日英博覧会で、外国人に見せている日本を見ることは複雑な感慨をもたされたであろう。世界一周会会員ではないが、一般視察者の帰国談でもアイヌが見世物となっている有様に驚いたことが語られている（『時事新報』五月一五日）。また、一九一一年一月二十五日の衆議院本会議において、蔵原惟敦は、「我国同胞タルトコロノ土人ヲ、観覧料ヲ取ッテ見世物ニ供セシメタト云フコトハ甚シキ私ハ人道ニ於ケル大失態デアル」と政府を激しく批判した（『帝国議会衆議院議事速記録』第二五巻）。

西洋人に見せるはずの博覧会が、見られる痛切な体験となったのは、皮肉なことである。しかし、それが、対等の視線をもちたいと思いながら、やはり西洋の視線に射すくめられてしまう当時の日本人の自意識を示していたのである。

世界一周会の帰着

世界一周会の旅行は、イギリス出発後も順調に進み、シベリア鉄道経由で、無事に七月一八日に敦賀港に帰着した。出発から一〇四日目であった。敦賀町長、上野理一朝日新聞社長、村山龍平監査役以下の大歓迎を受けた。旅行会の角田委員長は、答辞のなかで、「一、本会の計画は国家の現況に対して時宜を得たるものたりし事。一、外交に対する吾人の希望に好機会を与へたる事」など五ヵ条をあげ、満足を表明した。

旅行会は正式解散式をおこない、第二回世界一周会は終了した。トマス・クック社は、翌年も世界一周旅行の募集をおこなったが、朝日新聞社はこれ以後海外旅行を主催することはなく、メディア・イベントとしての海外旅行は一段落することとなったのである。

屈折する自意識——エピローグ

海外旅行の物語

これまで述べてきたように、明治末期、日本においてガイド付きの海外団体旅行という観光旅行のスタイルが成立した。ガイド付きの海外団体旅行こそ、現代の基本的観光旅行であることからすれば、現代的な観光旅行が日本においてはじめて成立したといえるだろう。しかも、それが、メディアのイベントとして成立したところが、特徴的であったのである。多額の費用と時間を要する海外観光旅行に出かけるようになるということは、いうまでもなくそれを可能とする社会的経済的条件が整ってくることである。だが、メディアが人々の好奇心を惹きつけるために人為的計画的に作り出したイベントとして、海外観光旅行が成立したということは、たんに社会的経済的条件が十分成熟した結果として生まれたのではなく、社会的経済的条件に加えて海外旅行に跳躍するためにはメディアの介在が必要であったことを示している。実際、トマス・クック社が単独で募集した世界一周旅行は多数の参加者を集めることはできなかった。

メディアは、たんに旅行を宣伝する役割を果たしただけではない。メディアが果たした重要な役割は、その言説によって海外旅行に社会的・文化的意味を付与し、社会的・文化的意味をもつイベントとして形成していったことである。そこには、海外旅行を当時の社会的文化的脈絡のなかで説明する物語が形成された。その物語が、多額の費用と多くの時間を費消することへ人々の逡巡を軽減し、さらに積極的に海外に出かける意欲を喚起していく働きをしたのである。また、それによって実際に参加した者たちだけではなく、多くの新聞読者たちも、社会的文化的意味のある出来事として彼らの旅行記を読むことになったのである。

明治末期における海外旅行の物語は、日本が欧米に追いつき世界の一流国、帝国にのしあがるという大きな物語の一環であった。日英同盟・日露戦争の勝利によって帝国にのしあがったという物語が、それまで欧米観光客から見られる客体であった日本人を見る主体へと転換させ、観光するまなざしを社会的に形成させた。最初の海外団体旅行である満韓巡遊船は、帝国日本の達成を最前線において実見する旅行として構成されていたのである。旅行者たちが満州韓国を見る眼は、自国の栄光の戦跡に焦点をあてて眺め、満州韓国の人々は遠い風景の一部としてしか見ない遠近法としての自己満足的な帝国のまなざしであった。しかし、そこでも見られる自己をまったく意識していなかったわけではない。満州韓国の人々が自己を文明国人として見ることを勝手に想像し、文明国民にふさわしい起居動作を心がけるという過剰な自意識をもち、見られる自己を意識していたのである。

後発帝国の自己像

その後、世界一周旅行まで出かける観光旅行者に、この「見る」「見られる」という二重の関係が常につきまとうことになった。欧米先進帝国主義の観光旅行者たちにおいては、自分たちが見る主体であることはきわめて当然のことであった。アジア・アフリカの現地人から仮に自分たちを見られたところで、自分たちの優越的地位が揺らぐことはありえず、自由闊達に振る舞うことができたのである。しかし、日本人の海外旅行には、常に国家意識が裏面にはりついており、見る観光旅行でありながら、欧米人から見られる自己ということを絶えず意識することになった。それは、後発帝国主義の自意識といえよう。

日本人の欧米観光旅行は、欧米人の視線のなかに囚われてしまい、それから自由になることがなかなかできなかったのである。そこでは、「欧米列強との対等交際」を意識しながら、常に欧米人がどう見ているのかを気にすることになる。欧米人が手厚くもてなしてくれることによって安心しながら、ただ形式だけ手厚くもてなしてくれているのではないかと不安にもなる。また、欧米からの観光客に対しては、文明国として歓迎することに注意を払いながら、欧米人のエキゾティズムに迎合し、人力車に乗せて吉原に案内してしまうのである。そうした欧米人の視線への迎合は日英博覧会において集約的に表れてしまい、日本人記者たちは一種自己嫌悪的意識をもたざるをえなかった。しかも、欧米人の視線から無縁に振る舞う職人芸人たちが、いっそう自尊心を傷つけたのである。

他方、満州韓国からの観光旅行者には、東京のビルや工場を案内し、文明国日本を誇示し、威圧しようとする。そして、彼らの視線にはきわめて鈍感であったのである。欧米とアジアとに対して二重基準の態度をとっているのであるが、欧米への劣等感とアジアへの鈍感な尊大さとは、表裏の関係にあるのである。

観光というものは、差異を作りだし、確認し、消費する行為だといえるだろう。そして、明治末期の日本人観光における差異は、文明対未開という尺度で設定されていた。この優劣関係を必然化している尺度のもとで、日本人は欧米人に対しては文明の先進国と無理をしてでも肩をならべようとして見上げ、遅れたアジアに対しては文明国として見下ろそうとしたのである。日本人は、文明と未開のはざまで宙吊りになっていたともいえる。しかも、それは、日本人が欧米の文明という視線に囚われてしまっているからである。

これは、欧米列強に追いつき、同等の帝国になるという物語が、日本人にとって、特に知識層にとって屈折し、傷つきやすい体験であったということでもあるだろう。しかし、そうした体験は、欧米やアジアへの自らの視線の疑いにまで深まっていくことは少なかった。むしろ、傷つけられた自尊心を自ら憐れむナルシズムに流れがちであったと考えられる。

一九〇六（明治三九）年、満州韓国巡遊船から始まり、世界一周旅行にいたるメディア・イベントとしての海外旅行は、いったん途絶えることになる。それは、常に人々の好奇心を惹きつけようとするメディア・イベントとすれば、毎回毎回ほぼ同じ旅程をたどる海外旅行はイベント性の乏しいものになっていくからである。むろん、それは、海外観光旅行そのものの魅力が、減少したということではなく、日本人の海外観光旅行はしだいに拡大していくが、この先駆け期に表れた観光の視線、「見る」「見られる」という関係のなかでの自意識はその後も続き、そこから自由になる方途は容易に見いだせなかった。それは、観光旅行だけの問題ではなく、日本の対外意識の問題であったといえよう。

参考文献

ジョン・アーリ（加太宏邦訳）『観光のまなざし　現代社会におけるレジャーと旅行』（法政大学出版局、一九九五年）
石森秀三編『観光の二〇世紀』（ドメス出版、一九九六年）
白幡洋三郎『旅行ノススメ　昭和が生んだ庶民の「新文化」』（中央公論社、一九九六年）
新城常三『庶民と旅の歴史』（日本放送出版協会、一九七一年）
ダニエル・ブーアスティン（星野郁美・後藤和彦訳）『幻影の時代　マスコミが製造する事実』（東京創元社、一九六四年）
ピアーズ・ブレンドン（石井昭夫訳）『トマス・クック物語　近代ツーリズムの創始者』（中央公論社、一九九五年）
津金澤聰廣『近代日本のメディア・イベント』（同文館、一九九六年）
中川浩一『観光の文化史』（筑摩書房、一九八五年）
橋本和也『観光人類学の戦略　文化の売り方・売られ方』（世界思想社、一九九九年）
エリック・リード（伊藤誓訳）『旅の思想史　ギルガメシュ叙事詩から世界観光旅行へ』（法政大学出版局、一九九三年）
ヴァンフリート・レシュブルグ（林竜代・林健生訳）『旅行の進化論』（青弓社、一九九九年）

山下晋司編『観光人類学』（新曜社、一九九六年）
吉見俊哉『博覧会の政治学　まなざしの近代』（中央公論社、一九九二年）

Ayako Hotta-Lister, *The Japan-British Exhibition of 1910 : Gateway to the island empire of the east*, London, 1999.

Paul Greenhaigh, *Ephemeral vistas : The expositions universelles, great exhibitions and world's fairs, 1851-1939*, Manchester University Press, London, 1988.

あとがき

以前は海外観光旅行について格別の関心をもったことはなく、海外観光旅行についての本を書くことになるなどとは思ってもみなかった。海外観光旅行に関心を持つきっかけになったのは、メディア・イベントの研究をはじめたことである。津金澤聰廣氏を中心とするメディアイベントの研究会に参加して、色々なイベントの事例を調べていくうちに、メディアが作り出したイベントは、その形成のメカニズムも興味深く、またわれわれの社会・文化の縮図になっていることを痛感した。裏返していえば、イベントを研究することによって、容易にはとらえることができない社会意識・価値観などを明らかにすることができるはずなのである。

こうした発想から、新聞社が作り出したイベントとして最も大きな成功をおさめ、いまや「国民的行事」という言い方さえされる甲子園の野球大会を取りあげたのが、前著『甲子園野球と日本人』である。その折り、戦前期に野球大会とならぶほど大きな話題となっていたメディア・イベントとして旅行、特に海外旅行があることに気がついた。野球と海外旅行とどちらを最初に取りあげようか迷ったが、最初に野球を取りあげたのである。ただ、前著を書き終わったあとも、メディア・イベントとしての海外旅行に関する研究を続け、最近活発な観光社会学・観光人類学、ツーリズムの研究などの文献も読んでいくうちにますます面白くなってきた。

その過程で改めて考えたのが、海外観光旅行というものが、決して普遍的なものではなく、歴史的社会的な産物であることである。特に、その異郷へのまなざしまた自己へのまなざしは、広い意味でのナショナリズムの問題がはらまれている。前著『甲子園野球と日本人』は、アメリカ産のベースボールが日本特有の野球に造形されるという観点で、ナショナリズムの文化を考えたが、今回の海外観光旅行もその点ではつながっているのである。

発想はほぼまとまり、資料等もそろっていたのだが、数年前から研究に時間をかける条件がまったく失われ、吉川弘文館には大変ご迷惑をかけた。たびたび空約束を繰り返すばかりで、この企画もこのまま朽ち果ててしまうのではないかと思わないでもなかった。ところが、昨年冬、私にとっては思いもかけない僥倖にめぐまれ、執筆に専念することができることになった。待っていただいた吉川弘文館編集部に感謝するとともに、ほっとしたというのが実感である。

二〇〇一年十一月一日

有山輝雄

著者紹介

一九四三年、神奈川県生まれ
一九六七年、東京大学文学部国史学科卒業
一九七二年、東京大学大学院社会学研究科博士課程単位修得退学
現在、成城大学教授

主要著書

徳富蘇峰と国民新聞　近代日本ジャーナリズムの構造　占領期メディア史研究　甲子園野球と日本人　戦後史のなかの憲法とジャーナリズム　現代メディアを学ぶ人のために〈共著〉

歴史文化ライブラリー
134

海外観光旅行の誕生

二〇〇二年（平成十四）一月一日　第一刷発行

著　者　有《あり》山《やま》輝《てる》雄《お》

発行者　林　英　男

発行所　株式会社　吉川弘文館
東京都文京区本郷七丁目二番八号
郵便番号一一三―〇〇三三
電話〇三―三八一三―九一五一〈代表〉
振替口座〇〇一〇〇―五―二四四

印刷＝平文社　製本＝ナショナル製本
装幀＝山崎　登

歴史文化ライブラリー

1996.10

刊行のことば

現今の日本および国際社会は、さまざまな面で大変動の時代を迎えておりますが、近づきつつある二十一世紀は人類史の到達点として、物質的な繁栄のみならず文化や自然・社会環境を謳歌できる平和な社会でなければなりません。しかしながら高度成長・技術革新にともなう急激な変貌は「自己本位な刹那主義」の風潮を生みだし、先人が築いてきた歴史や文化に学ぶ余裕もなく、いまだ明るい人類の将来が展望できていないようにも見えます。このような状況を踏まえ、よりよい二十一世紀社会を築くために、人類誕生から現在に至る「人類の遺産・教訓」としてのあらゆる分野の歴史と文化を「歴史文化ライブラリー」として刊行することといたしました。

小社は、安政四年（一八五七）の創業以来、一貫して歴史学を中心とした専門出版社として書籍を刊行しつづけてまいりました。その経験を生かし、学問成果にもとづいた本叢書を刊行し社会的要請に応えて行きたいと考えております。

現代は、マスメディアが発達した高度情報化社会といわれますが、私どもはあくまでも活字を主体とした出版こそ、ものの本質を考える基礎と信じ、本叢書をとおして社会に訴えてまいりたいと思います。これから生まれでる一冊一冊が、それぞれの読者を知的冒険の旅へと誘い、希望に満ちた人類の未来を構築する糧となれば幸いです。

吉川弘文館

〈オンデマンド版〉
海外観光旅行の誕生

On Demand
歴史文化ライブラリー
134

2018年（平成30）10月1日　発行

著　者　有《あり》山《やま》輝《てる》雄《お》

発行者　吉川道郎

発行所　株式会社　吉川弘文館
〒113-0033　東京都文京区本郷7丁目2番8号
TEL　03-3813-9151〈代表〉
URL　http://www.yoshikawa-k.co.jp/

印刷・製本　大日本印刷株式会社

装　幀　清水良洋・宮崎萌美

有山輝雄（1943～）

ISBN978-4-642-75534-4